A ação do pedagogo na escola nos limites da cotidianidade

SÉRIE CONSTRUÇÃO HISTÓRICA DA EDUCAÇÃO

Liliani Hermes Cordeiro Schvarz

A ação do pedagogo na escola nos limites da cotidianidade

Rua Clara Vendramin, 58 • Mossunguê
CEP 81200-170 • Curitiba • PR • Brasil
Fone: (41) 2106-4170
www.intersaberes.com
editora@intersaberes.com

Conselho editorial	Dr. Alexandre Coutinho Pagliarini
	Drª Elena Godoy
	Dr. Neri dos Santos
	Dr. Ulf Gregor Baranow
Editora-chefe	Lindsay Azambuja
Gerente editorial	Ariadne Nunes Wenger
Assistente editorial	Daniela Viroli Pereira Pinto
Design de capa	Laís Galvão dos Santos
Imagens da capa	Fotolia
Projeto gráfico	Frederico Burlamaqui
Diagramação	Janaina Benato Siqueira
Iconografia	Vanessa Plugiti Pereira

Dados Internacionais de Catalogação na Publicação (CIP)
(Câmara Brasileira do Livro, SP, Brasil)

Schvarz, Liliani Hermes Cordeiro
  A ação do pedagogo na escola nos limites da cotidianidade/Liliani Hermes Cordeiro Schvarz. Curitiba: InterSaberes, 2016. (Série Construção Histórica da Educação)

  Bibliografia.
  ISBN 978-85-443-0255-2

  1. Educação 2. Escolas – Organização e administração 3. Pedagogia 4. Pedagogos – Formação profissional 5. Prática de ensino I. Título. II. Série

15-05905   CDD-370

Índices para catálogo sistemático:
1. Pedagogo escolar: Pedagogia: Educação   370

1ª edição, 2016.
Foi feito o depósito legal.
Informamos que é de inteira responsabilidade da autora a emissão de conceitos.
Nenhuma parte desta publicação poderá ser reproduzida por qualquer meio ou forma sem a prévia autorização da Editora InterSaberes.
A violação dos direitos autorais é crime estabelecido na Lei n. 9.610/1998 e punido pelo art. 184 do Código Penal.

Sumário

Dedicatória, 7
Epígrafe, 9
Prefácio, 11
Apresentação, 15

1 Teoria do cotidiano, 19
1.1 Cotidiano e não cotidiano: uma análise filosófica, 21
1.2 O efeito catártico da apropriação consciente do conhecimento científico na cotidianidade, 35

2 Pedagogia e pedagogos: formação e profissionalização, 43
2.1 Formação em Pedagogia: da instituição do curso, em 1939, às Diretrizes Curriculares Nacionais, em 2006, 45
2.2 Interfaces da profissionalização e o caráter ontológico e epistemológico da formação do pedagogo, 71

3 A ação do pedagogo no cotidiano escolar, 95
3.1 Prática de ensino: os estágios curriculares e a formação do pedagogo para a docência, 100
3.2 A relação ciência *versus* senso comum na ação profissional do pedagogo, 114
3.3 A invasão das ações cotidianas como fenômeno alienante na atuação profissional do pedagogo, 121
3.4 A prática pedagógica e a superação da cotidianidade, do *ecletismo* e da falsa dualidade *teoria-prática*, 133

Considerações finais, 141
Referências, 143
Apêndice, 149
Pesquisa de campo, 149
Sobre a autora, 151

Dedicatória

Para Romeu, Luiz Arthur e Rafaela, razões de tudo.

Epígrafe

Apenas quando somos instruídos pela realidade é que podemos mudá-la.

Bertolt Brecht

Prefácio

Você tem em mãos um excelente material de crítica e de reflexão sobre uma temática candente: a ação pedagógica no cotidiano das escolas e sua relação com a formação da cotidianidade e da não cotidianidade e suas respectivas dimensões. A obra que aqui se apresenta é fruto de árduas pesquisas teóricas e empíricas da professora Liliani Hermes Cordeiro Schvarz, que resultou em sua dissertação de Mestrado em Educação no Programa de Pós-Graduação em Educação da Universidade Estadual do Centro-Oeste (Unicentro), no Estado do Paraná.

Com uma escrita brilhante, ao mesmo tempo densa e leve, a autora nos presenteia neste livro com uma reflexão que não é comumente vista nas discussões sobre a profissão de pedagogo ou sobre o curso de Pedagogia: a possibilidade teórica de se analisar a ação pedagógica sob a perspectiva da teoria marxista da cotidianidade, que tem como grande expoente a filósofa húngara Agnes Heller (1929-), ex-aluna e discípula de um dos principais filósofos marxistas do século XX, György Lukács (1885-1971).

De fato, um dos grandes méritos deste trabalho é a densidade com que Schvarz trata, na primeira parte do livro, da teoria da cotidianidade. A autora tem a preocupação constante de canalizar essa teoria para a análise de seu objeto, algo que nem sempre acontece em dissertações de mestrado e teses de doutorado, em que as teorias frequentemente são apresentadas divorciadas do objeto, como se fossem um mero adorno de ostentação teórica, sem sentido para a análise.

Após o primeiro capítulo, exemplar, que deve servir de boa introdução ao tema, Liliani apresenta no segundo capítulo uma síntese da formação histórica do curso de Pedagogia que poderá interessar a todos os estudantes que querem conhecer a trajetória desse curso. O que mais importa, nesse ponto do texto, é analisar a motivação desse capítulo, que a autora capta de forma excepcional: a discussão histórica sobre a identidade e a função do profissional de Pedagogia, o que remete especialmente à questão de ser, o curso, teórico ou prático. Essa discussão se encontra presente também na pesquisa de campo realizada.

Assim, de forma gradual e coerente, a autora oferece a você uma introdução ao tema, subsidiando a análise empírica realizada no último capítulo, no qual são talentosamente contextualizadas e amplamente discutidas as falas reveladoras das pedagogas que fizeram parte da pesquisa. Trata-se de um momento em que você também poderá visualizar como a metodologia está viva, assim como esteve nos capítulos anteriores, pois é possível perceber claramente as relações entre as respostas das profissionais entrevistadas e a teoria utilizada. Além disso, a autora demonstra, ainda, no fim do último capítulo, que é possível analisar a ação pedagógica à luz da teoria do cotidiano e que, realmente, a ação cotidiana (ou seja, aquela pautada pela experiência, por motivações momentâneas e que não exigem reflexão nem mediação teórica) prevalece nas escolas.

Finalmente, este livro nos faz refletir sobre a escola, suas possibilidades e seus limites como emancipadora (alunos) e, ao mesmo tempo, promotora da cotidianidade e da inércia, como provam as várias respostas das pedagogas entrevistadas na obra. Será a escola um *locus* de reflexão e, logo, de ação reflexiva mediada teoricamente, ou será ela é uma instituição do fazer imediato, para cujos profissionais basta a experiência?

Da leitura do texto aparece a necessidade de que a escola abra trincheiras no cotidiano e invada o campo do não cotidiano. Assim, a ação do profissional pedagogo também precisa superar o velho estigma de "bombeiro", daquele que "apaga incêndios" todos os dias, para uma ação verdadeiramente mediadora entre estudantes, professores, gestão e comunidade. É nesse âmbito que a "ciência da educação" – a Pedagogia – deve prevalecer, sob o risco de que se perpetue a já velha conhecida desvalorização do profissional dessa área na escola. Este livro faz parte de uma luta a favor da cientificidade e, logo, da não cotidianidade da ação pedagógica.

Alessandro de Melo

Doutor em Educação pela Universidade Federal do Paraná (UFPR) e professor do Departamento de Pedagogia e do Programa de Pós-Graduação em Educação (PPGE) da Universidade Estadual do Centro-Oeste (Unicentro/PR).

Apresentação

Este livro traz uma abordagem sobre a função do pedagogo no cotidiano escolar tomando por base um estudo sobre as ações pedagógicas cotidianas e não cotidianas.

A atuação do pedagogo[1] tem sido, historicamente, foco de discussões entre educadores e pesquisadores. Pelo viés da teoria da cotidianidade (Heller, 2008), buscamos analisar os elementos que orientam a ação desse profissional no cotidiano escolar. O pressuposto segue na direção de que, por sua formação, o pedagogo é capaz de compreender a realidade escolar e interferir nela, não apenas no que se refere às práticas de sala de aula, mas também à gestão, ao planejamento e à orientação educacional. Compreender como esse educador articula os seus conhecimentos, na esfera da cotidianidade e da não cotidianidade, implica identificar os elementos que permeiam a sua prática pedagógica no dia a dia.

O cotidiano é organizado por um protocolo necessário para o funcionamento dos diferentes setores sociais e da vida em si, e não é diferente no caso da escola. Essa dinâmica assume certo domínio sobre a vida dos sujeitos, que agem espontaneamente, sem necessariamente refletir sobre as ações que realizam. É na esfera da não cotidianidade, no entanto, que as convicções são abaladas, as certezas são repensadas e são apontados novos questionamentos e olhares sobre a realidade (tendo em vista sua mobilidade permanente), tais como sua configuração, suas contradições e suas possibilidades de mudança.

Com base nesses princípios, compreendemos que as ações cotidianas ocupam um espaço soberano na vida dos sujeitos, além de impedirem

---

1 O uso do termo *pedagogo*, no masculino, não significa, por parte da autora, o desconhecimento das questões de gênero que envolvem a profissão. A palavra refere-se, portanto, de maneira genérica, a pedagogos e pedagogas, homens e mulheres que atuam na prática profissional mediadora nas escolas, ou seja, na função pedagógica.

que novas fronteiras de indagações e de entendimentos importantes na revisão de conceitos gerem outras perspectivas que transcendam o que já está proposto e que, por meio delas mesmas, possibilitem a transformação dos sujeitos e da realidade.

A cotidianidade, como fenômeno presente no âmbito escolar, surge das relações produzidas e reproduzidas nesse espaço; está presente na organização e no funcionamento do cotidiano e nas suas peculiaridades advindas das normas escritas e não escritas que se encontram em cada realidade escolar.

Nessa direção, observamos que o pedagogo transita entre as atividades cotidianas de demanda imediata – de caráter burocrático ou referentes às relações interpessoais pertinentes à escola – e as atividades não cotidianas da profissão – aquelas que demandam os fundamentos científicos da pedagogia, compreendida como "ciência da educação". O cotidiano escolar se relaciona diretamente à cultura organizacional da escola, que envolve os diversos aspectos pertinentes ao seu funcionamento, ao contexto em que ela se localiza e às relações que se desenvolvem no interior desse ambiente (pedagógicas, profissionais, interpessoais e de poder).

A proposta deste livro é contribuir para a compreensão de que o desafio do pedagogo na escola pode consistir na superação da ação meramente cotidiana, que não se refere a elementos científicos configuradores de sua formação acadêmica e do campo científico da pedagogia. Ao mesmo tempo, a preocupação que motivou este estudo foi a percepção de que é aparentemente a ação cotidiana o fenômeno mais comum na maioria das escolas, o que leva a uma perda de identidade profissional e a certa rejeição aos pedagogos por parte dos professores, pais e estudantes. Assim, este estudo teve início com uma inquietação em torno da ação do pedagogo no espaço escolar e da relação dessa ação com elementos cotidianos e não cotidianos, partindo do pressuposto da dominância dos primeiros sobre os últimos.

A categoria de cotidianidade, presente de forma seminal nos trabalhos da filósofa húngara Agnes Heller, sintetiza o processo de humanização dos sujeitos na medida em que estes produzem sua existência material e intelectual por meio de relações sociais e com a natureza. Diferentemente dos animais, o ser humano tem o controle sobre seu desenvolvimento, não se restringindo aos limites dos determinantes biológicos. Assim, podemos compreender que a evolução intelectual do sujeito está relacionada aos parâmetros do não cotidiano na cotidianidade. Se considerarmos que a vida cotidiana é a de todo ser humano e que não há vida fora da cotidianidade, o não cotidiano depende em grande medida das decisões e das escolhas do homem ao longo do seu processo de desenvolvimento.

Nessa direção, entendemos que a ação pedagógica, em primeiro lugar, localiza-se no universo da não cotidianidade ou, pelo menos, no limiar entre esse âmbito e o da cotidianidade. Compreendemos também que o pedagogo pode ser um agente de transformação atuando nesses universos, ou seja, pode intervir provocando e instigando a mudança, agindo como mediador entre o cotidiano e o não cotidiano no processo educativo, na relação que constrói com os sujeitos direta e indiretamente vinculados à escola.

Daí advém a importância de compreendermos as motivações dos pedagogos nas escolas, ou seja, se suas ações são motivadas apenas e tão somente pelo conhecimento tácito ou pela experiência, pelas relações pessoais construídas (o que, ademais, é uma esfera indispensável da atuação de qualquer ser humano), bem como a formação acadêmica tem "peso" nas ações cotidianas nas escolas, ou seja, se o cabedal teórico apreendido na formação inicial ou continuada tem influência na prática profissional.

O estudo que orientou a produção deste livro[2] buscou compreender a relação da ação do pedagogo com a realidade objetiva do cotidiano escolar, utilizando-se da categoria da cotidianidade como mediadora teórica, e foi realizado empiricamente por meio de entrevistas com um

---

2 Trata-se do resultado da pesquisa que derivou da dissertação de mestrado intitulada "A esfera da cotidianidade e da não cotidianidade: desafios e limites na ação do pedagogo na escola", defendida no Programa de Pós-Graduação em Educação (PPGE) da Universidade Estadual do Centro-Oeste (Unicentro), sob a orientação do professor doutor Alessandro de Melo.

grupo de dez pedagogas de escolas de uma cidade do interior do Estado do Paraná, sendo que oito delas trabalham em escolas públicas, e duas, em rede particular de ensino. O universo de escolas procurou refletir as diferenças sociais e geográficas da cidade.

O primeiro capítulo deste livro traz uma abordagem filosófica sobre a teoria do cotidiano nas esferas das objetivações cotidianas e não cotidianas. O segundo capítulo apresenta considerações históricas sobre a formação profissional do pedagogo no Brasil, refletindo sobre a história do curso de Pedagogia até a determinação das suas Diretrizes Curriculares, em 2006. Também são objetos da análise, os avanços, os retrocessos, as contradições e as complexidades na profissionalização do pedagogo e o seu papel na formação educativa no espaço escolar. O terceiro capítulo apresenta a sistematização, em categorias, dos dados empíricos da pesquisa de campo e a sua análise, que possibilitam melhor compreensão do fenômeno analisado.

Esperamos, com este estudo, contribuir para as discussões sobre a ação pedagógica e os desafios e os limites encontrados no cotidiano das escolas, bem como contribuir para o debate sobre a profissão do pedagogo com base em um caráter mais científico, visando a uma atuação que se assente muito mais na esfera da não cotidianidade.

1

Teoria do cotidiano

Historicamente, a intervenção humana sobre a realidade objetiva prescreveu a necessidade de adaptação e organização a partir das transformações promovidas pelo ser humano sobre o mundo e sobre si mesmo e a partir das condições dadas pela natureza. Nesse cenário, a vida comum foi progressivamente estruturada não apenas pelas ações que se tornaram cotidianas como decorrência de suas próprias exigências de funcionalidade e organização em cada momento histórico, mas também pelas ações não cotidianas que expressam a superação dos limites impostos pela superficialidade do cotidiano, das atividades repetidas e das concepções paralisantes.

1.1
Cotidiano e não cotidiano: uma análise filosófica

A abordagem que propomos neste livro parte do ponto de vista de que o cotidiano não é meramente uma prática diária, característica da rotina. Embora não tenhamos assumido esse compromisso, reconhecemos a importância de refletir com Kosik (2002, p. 80) com base na compreensão de que "a vida cotidiana é antes de tudo organização, dia a dia, da vida individual dos homens; a repetição de suas ações vitais é fixada na repetição de cada dia, na distribuição do tempo em cada dia". É atividade humana, como reprodução social e individual dos sujeitos, bem como da realidade historicamente produzida como resultado de determinado nível de consciência e intencionalidade.

Para Heller (2008, p. 31), "A vida cotidiana é a vida de todo homem. Todos a vivem, sem nenhuma exceção, qualquer que seja seu posto na divisão do trabalho intelectual e físico" porque, diferentemente das outras espécies, o ser humano, como ser social e não sujeito ao determinismo e à adaptação biológica, é capaz de produzir sua existência assumindo o controle sobre o seu desenvolvimento e sobre a sua sobrevivência. Segundo Duarte (2007, p. 32), "não basta que os indivíduos sobrevivam, é preciso que realizem atividades que reproduzam a sociedade, que reproduzam a realidade produzida historicamente pelos homens".

Necessitamos reconhecer, no entanto, que esse controle tem diminuído diante das transformações sociais ocorridas ao longo da história dos sujeitos. Essa mudança se deve às imposições da organização da vida social e econômica que dão as diretrizes do comportamento dos sujeitos, nos diversos segmentos da vida cotidiana, retirando, assim, o controle do ser humano sobre sua própria evolução. Inferimos, assim, que as conexões estabelecidas entre o sujeito e o mundo são determinadas pelo sistema de organização da realidade e da vida, interferindo nas escolhas, nas concepções e nas formas de pensar e agir dos indivíduos.

Pensamento e ação traduzem-se pelas concepções a respeito da realidade e, portanto, influenciam na configuração da vida cotidiana, a qual, por sua vez, deve-se à organização sócio-histórica decorrente da ação humana sobre a realidade objetiva, pelo fazer histórico do ser humano integrando tal realidade à sua própria história, numa totalidade concreta de fenômenos que permeiam sua existência. Heller (2008, p. 34) afirma que "a vida cotidiana não está 'fora' da história, mas no 'centro' do acontecer histórico: é a verdadeira 'essência' da substância social". Nesse sentido, a vida cotidiana, por sua historicidade, acontece pelo movimento de criação do conteúdo objetivo da existência dos homens, os quais, por seu turno, pertencem inevitavelmente à cotidianidade da vida, inseridos pelas interações sociais nos diversos eventos da vida cotidiana – no trabalho, no lazer, na vida privada, nas relações sociais em geral, pelas ações reproduzidas.

Além da reprodução biológica como fator de continuidade da espécie, é necessária a reprodução da realidade historicamente produzida. Para além da sobrevivência, a organização social da vida cotidiana é constituída também por determinantes relacionados à produção material como atividade humana, que se traduz como objetivações sobre a realidade, ampliando o acesso dos sujeitos à compreensão e à apropriação do mundo e dos seus significados.

De acordo com Duarte (2007), as objetivações que configuram a ação dos homens sobre a realidade podem ser classificadas como *genéricas "em-si"* e *genéricas "para-si"*, mantendo uma relação explicativa ou conceitual para a compreensão da vida no cotidiano e do não cotidiano nas reproduções da realidade social e dos indivíduos. Duarte (2007, p. 33, grifo nosso) enfatiza que "as OBJETIVAÇÕES GENÉRICAS EM-SI formam a base da vida cotidiana e são constituídas pelos objetos, pela linguagem e pelos usos e costumes". A atividade social na esfera do cotidiano expressa a inserção das pessoas na cotidianidade previamente estabelecida, no mundo dado, pronto, anterior ao sujeito, ao qual este deverá adaptar-se para conquistar sua autonomia e adquirir maturidade no que se refere à convivência no grupo a que pertence, tornar-se adulto e desenvolver sua capacidade de viver autonomamente sua cotidianidade.

Nesse contexto, o sujeito precisa "aprender a viver", adotando parâmetros globais de comportamento, de forma individual. Inserido na cotidianidade do mundo pronto, as ações vão sendo naturalmente assimiladas e praticadas, tornando-se cotidianas, necessárias e facilitadoras da vida, pela manipulação e domínio de atividades das quais não se pode prescindir, sem necessariamente manter uma relação consciente com suas objetivações.

Ao aprender a falar, por exemplo, o sujeito não depende de um treinamento sistematizado. A comunicação como objetivação "em-si" ocorre com a convivência em seu contexto social, em que o processo de aquisição da fala vai acontecendo de forma espontânea, ou seja, simplesmente os sujeitos fazem uso da linguagem falada como processo natural de comunicação. Da mesma forma ocorre com outras práticas sociais cotidianas, próprias de cada situação da vida cotidiana.

As representações da realidade implicam uma relação de autonomia relativa, por meio das relações dadas na vida cotidiana. A vivência envolve todos os gestos, os fazeres de cada dia, a oposição, a concordância, as parcerias, as diferenças, a simultaneidade dos opostos. É a cotidianidade que, segundo Veiga (1996, p. 56), "atinge um modo de existência social que flui entre o fictício e o real, o abstrato e o concreto, o homogêneo e o heterogêneo". Tal irregularidade e, ao mesmo tempo, organização social da vida cotidiana reflete organicidade e heterogeneidade nos seus vários setores; por exemplo, no trabalho, na vida individual ou privada, nas atividades de lazer ou descanso, na sistematização das atividades humanas individuais ou sociais de forma hierárquica e heterogênea. De acordo com Heller (2008), a hierarquia e a heterogeneidade da vida cotidiana referem-se à sua significação e ao seu conteúdo objetivo ou importância dos tipos de atividade. As estruturas econômico-sociais determinam a hierarquia na vida cotidiana.

> *Assim, por exemplo, nos tempos pré-históricos, o trabalho ocupou um lugar dominante nessa hierarquia; e, para determinadas classes trabalhadoras (para os servos, por exemplo) essa mesma hierarquia se manteve durante ainda muito tempo; toda a vida cotidiana se constituía em torno da organização do trabalho, à qual se subordinavam todas as demais formas de atividade.* (Heller, 2008, p. 32)

As esferas heterogêneas da vida cotidiana (formadas por seus elementos orgânicos) e a hierarquia são necessárias para percebermos a cotidianidade na vida diária, pelo movimento simultâneo das representações objetivas da heterogeneidade e pelo funcionamento da hierarquia. Dessa forma, o funcionamento social e mecânico da realidade objetiva configura o cotidiano de todas as pessoas, pelas objetivações "em-si", pelas quais podemos entender que não é possível viver fora da cotidianidade.

A configuração prévia da realidade é precedente ao nascimento dos sujeitos. Isso significa afirmar que, ao nascerem, estes são inseridos num contexto social com características próprias, cujas determinações histórico-sociais são elementos diretamente relacionados às suas formações comportamentais. Pelo processo de amadurecimento, as ações dos sujeitos são conduzidas de acordo com o formato da vida cotidiana e pelo senso comum. Nesse sentido, compreende-se que:

> *O homem já nasce inserido em sua cotidianidade. O amadurecimento do homem significa, em qualquer sociedade, que o indivíduo adquire todas as habilidades imprescindíveis para a vida cotidiana da sociedade (camada social) em questão. É adulto quem é capaz de viver por si mesmo a sua cotidianidade.* (Heller, 2008, p. 33)

Viver cotidianamente exige assimilação de atitudes e comportamentos convenientes ao formato social facultado pela cotidianidade. Para Veiga (1996, p. 56), "a relação do homem com a cotidianidade é direta, propiciando um processo de amadurecimento do indivíduo, que se reproduz diretamente como indivíduo e indiretamente como membro de um complexo social".

No cotidiano, o tornar-se humano pressupõe uma prática interventora, traduzida por um processo contínuo de criação e recriação, pelo ensaio e interatuação sobre a realidade. Kosik (2002, p. 28) afirma que "o homem só conhece a realidade na medida em que ele cria a realidade humana e se comporta antes de tudo como ser prático". Esse conhecimento ocorre no momento em que é reproduzida, espiritual e intelectualmente, a realidade vivida, caracterizada ou traduzida como a realidade objetiva dos sujeitos e, segundo Schvarz (2013b, p. 3), "experimentada na complexidade e nas contradições de uma cotidianidade que se faz no momento e na rotina, como apropriação do mundo, pelo homem, ao conhecê-lo. E conhecê-lo implica em mais do que meramente sua contemplação". É nesse sentido que Kosik (2008, p. 28) assevera que:

> *Não é possível compreender imediatamente a estrutura da coisa ou a coisa em si mediante a contemplação ou a mera reflexão, mas sim mediante uma determinada atividade. Não é possível penetrar "na coisa em si" e responder à pergunta – que coisa é a "coisa em si"? – sem a análise da atividade mediante a qual ela é compreendida; ao mesmo tempo, esta análise deve incluir também o problema da criação da atividade que estabelece o acesso à "coisa em si". Estas atividades são os vários aspectos ou modos da apropriação do mundo pelos homens.*

Podemos entender, com base nessa tese de Kosik, que a compreensão da realidade e de sua composição estrutural demanda ações que transcendem a contemplação ou suposições originadas no senso comum. É um processo complexo decorrente da apropriação do mundo pelos sujeitos, dos quais se exigem atividade e criatividade, por meio de ações que contribuam com o rompimento de acordos sociais anteriores a eles e cumpridos ou executados sem reflexão na vida cotidiana. Cabe assinalarmos que, mesmo que conscientes, ativas e criativas, as ações dos sujeitos sobre a realidade podem ser reflexos de submissão e de reprodução de padrões comportamentais previamente estabelecidos, tendo em vista as condições histórico-sociais do momento. Vale considerarmos que,

> *Assim, as ações no cotidiano quando não percebidas ou interpretadas pela lente da reflexão, podem cristalizar o agir, permanecendo no campo do desejável, da intenção, distante de uma ação efetiva, ou seja, é quando o sujeito reconhece a importância de uma ação que provoque mudança e rompimento de protocolos imobilizadores, mas não se posiciona de acordo com suas concepções, sucumbindo diante das imposições da realidade. Pode-se entender este processo como uma totalidade de fenômenos interdependentes que se manifestam na atividade e na inatividade. Na atividade promovida pelas necessidades cotidianas requeridas pela realidade e suas proposições, ou seja, a atividade como movimento próprio do cotidiano e suas implicações. Mas, na inatividade pela reprodução e alienação dos sujeitos inseridos na mera repetição de ações que se manifestam apenas como rotina.* (Schvarz, 2013b, p. 4)

Cabe aqui refletirmos sobre o processo de alienação ou estranhamento em relação às atividades produzidas sobre a realidade pelos sujeitos, na vida cotidiana, sob o ponto de vista marxista da alienação, com base na relação entre o trabalho e as determinações econômico-sociais.

> *Na acepção marxista, [...], a **alienação** é um fenômeno que deve ser entendido a partir da atividade criadora do homem, nas condições em que ela se processa. Deve ser entendido, sobretudo, a partir daquela atividade que distingue o homem de todos os outros animais, isto é, daquela atividade através da qual o homem produz os seus meios de vida e se cria a si mesmo: o **trabalho humano**.* (Konder, 2009, p. 40, grifos do original)

Ainda, na perspectiva marxista, "O trabalho produz ao mesmo tempo mercadorias e o operário enquanto mercadoria. O resultado do trabalho se enfrenta com seu produtor como um objeto alheio, estranho – está dado o mecanismo essencial de explicação da alienação" (Marx; Engels, 2007, p. 13).

Entendemos, assim, que, pela alienação, os sujeitos tornam-se estranhos às suas atividades humanas sobre a realidade. Uma vez que eles estejam alheios ao resultado de sua produção, a relação sujeito-objeto como autocriação inexiste. Nessa direção, a vida cotidiana, em seu movimento, também é produzida alienadamente, por sua organização social e econômica. Em razão dessa cotidianidade, a alienação pode ser um processo que atinge todos os sujeitos de uma forma ou de outra. Segundo Konder (2009, p. 43), "a alienação, dentro de uma sociedade dividida em classes, acaba por atingir todos os indivíduos que a compõem, tanto explorados quanto exploradores". Tributária de tal fenômeno é a demanda de sobrevivência, que impõe aos sujeitos a necessidade de produção e reprodução da vida material pela atividade humana.

Mészáros (2006, p. 80) contribui na análise do conceito de estranhamento ou alienação dos sujeitos em relação à atividade humana, como produção e reprodução, afirmando que "a atividade produtiva é então a fonte da consciência, e a 'consciência alienada' é o reflexo da atividade alienada ou da alienação da atividade, isto é, da autoalienação do trabalho." E mais: "A atividade produtiva é, então, atividade alienada quando se afasta de sua função apropriada de mediar humanamente a relação sujeito-objeto entre homem e natureza, e tende, em vez disso, a levar o indivíduo isolado e reificado a ser reabsorvido pela 'natureza'" (Mészáros, 2006, p. 81).

Isso ocorre quando a atividade produtiva não exerce sua função mediadora na relação sujeito-objeto, mas configura-se como ação alienada dos sujeitos ou estranha a eles. As ações cotidianas e convencionais como assimilação das relações sociais, podem submeter os sujeitos a uma expressiva adequação à realidade, tornando-os apenas executores da ação, não os identificando com o objeto tomando por base sua característica humano-genérica. A alienação dos sujeitos em relação às objetivações humano-genéricas no cotidiano pode ser explicada da seguinte maneira:

> *Marx usa a expressão: "corpo inorgânico do homem", que não significa simplesmente aquilo que é dado pela natureza, mas a expressão concreta e a materialização de uma fase e uma estrutura historicamente dadas da atividade produtiva na forma de seus produtos, dos bens materiais às obras de arte. Como resultado da alienação do trabalho, o "corpo inorgânico do homem" aparece como meramente externo a ele e, portanto, pode ser transformado em uma mercadoria. Tudo é "reificado", e as relações ontológicas fundamentais são viradas de cabeça para baixo. O indivíduo é confrontado com meros objetos (coisas, mercadorias), uma vez que seu "corpo inorgânico" – "natureza trabalhada" e capacidade produtiva externalizada – foi dele alienado. Ele não tem consciência de ser um "ser genérico".* (Mészáros, 2006, p. 80)

Na cotidianidade, esse "corpo inorgânico do homem", ou seja, as produções humanas, se alienadas e externas aos sujeitos, são também desumanizadoras, uma vez que estes não se reconhecem em suas ações por sua genericidade. Portanto, a alienação desnorteia e provoca a sujeição da ação produtiva à coisificação do homem, considerando que:

> *O homem é o único ser que pode ter uma tal "consciência da espécie" – tanto subjetivamente, em sua percepção consciente da espécie a que pertence, como nas formas objetivadas dessa "consciência da espécie", da indústria e às instituições e às obras de arte – e assim ele é o único "ser genérico".* (Mészáros, 2006, p. 80)

Dessa forma, apesar de seus interesses particulares, o ser humano-genérico desenvolve práticas humanamente genéricas. Em outras palavras, pela necessidade de sobrevivência, a ação do homem não é resultado da reprodução de uma ação individual, isolada, e sim é a reprodução de ações socialmente produzidas. Assim, a mobilidade ou a imobilidade sobre a realidade podem ser determinadas não isoladamente, mas como produtos e expressões das relações sociais historicamente produzidas. Podemos entender melhor tal raciocínio se considerarmos a premissa de que,

> *Enquanto indivíduo, portanto, é o homem um ser genérico, já que é produto e expressão de suas relações sociais, herdeiro e preservador do desenvolvimento humano; mas o representante do humano-genérico não é jamais um homem sozinho, mas sempre integração (tribo, demos, estamento, classe, nação, humanidade) – bem como, frequentemente, várias integrações – cuja parte consciente é o homem e na qual se forma sua "consciência de nós".* (Heller, 2008, p. 36)

A genericidade humana pode ser compreendida como resultado de uma produção social. As relações entre os sujeitos conferem a eles seu formato social, cabendo a este o ônus do desenvolvimento humano. A atividade humana sobre a realidade configura-se como social, jamais como ação isolada procedente de um único sujeito, pois, mesmo na singularidade, o ser humano não age sozinho. Assim,

> *Os homens produzem a linguagem, os objetos, os usos e costumes de uma forma "natural", "espontânea", isto é, através de processos que não exigem a reflexão sobre a origem e sobre o significado dessas objetivações. Esse significado é dado naturalmente pelo contexto social. O mesmo não pode se dar com as objetivações*

> *genéricas para-si. Por exemplo, os homens precisam refletir sobre o significado dos conhecimentos científicos para poderem produzir e reproduzir a ciência.* (Duarte, 2007, p. 33)

Inferimos, então, que os significados dados pelo contexto social inserem o sujeito em tal contexto. No entanto, na cotidianidade, novos significados são necessários para que a vida seja legitimada para além das determinações de um desenvolvimento homogêneo e espontâneo dos sujeitos e para que estes avancem como seres criadores e produtores de si mesmos.

Fenômenos científicos, filosóficos, artísticos ou mesmo provenientes do conhecimento empírico podem ser considerados como resultantes da aplicação das capacidades criadora ou inventiva essencialmente humanas, capacidades propulsoras em direção à atividade não cotidiana. Nas palavras de Schvarz (2013a, p. 31),

> *A produção e a reprodução da ciência, das objetivações não cotidianas é que transformam o sujeito da cotidianidade espontânea no sujeito do não cotidiano, no sujeito da invenção, da criação, da descoberta por meio da ação no mundo e sobre o mundo a ser descoberto e redescoberto pelo conhecimento acima do senso comum e da rotatividade de ações repetidas ou meramente reproduzidas no tempo e no espaço.*
>
> *Os significados que dão forma à cotidianidade além da mera representação da realidade, exigem conhecimentos apurados, aprofundados e a instauração de relações entre os fenômenos já existentes com aqueles que vão sendo produzidos ao longo da vivência dos sujeitos e de sua força como sociedade buscando certezas, aumentando dúvidas e interrogações acerca do mundo e do homem, fazendo e refazendo o cotidiano da vida num processo ininterrupto de conhecimento.*

Costa (1990, p. 141) afirma que é apenas pela

> *inserção ativa e criativa do homem na realidade (práxis) que ele se torna capaz de ultrapassar a sua animalidade, [...] apreender-se a si próprio como ser inteligente e criador e relacionar-se com a totalidade do mundo. O homem só conhece a coisa em si ao transformá-la em coisa para si pela práxis.*

Conhecer além da cotidianidade também implica ir além da constatação do que já existe e pode ser reproduzido passiva e alienadamente por ações que não se renovam. É importante, no entanto, refletir sobre a afirmação de Heller (2008, p. 56) quando declara que: "Não há vida cotidiana sem espontaneidade, pragmatismo, economicismo, andologia[1], precedentes, juízo provisório, ultrageneralização, mimese e entonação". Tais elementos constituem-se como formas necessárias às ações cotidianas relacionadas à sobrevivência, ao ajuste e às demandas sociais. Heller (2008, p. 56) alerta: "se essas formas se absolutizam, deixando de possibilitar uma margem de movimento, encontramo-nos diante da alienação da vida cotidiana".

A alienação é um fenômeno presente em diferentes momentos sociais e históricos. Sobre isso, Heller (2008, p. 58) revela que, "quanto maior for a alienação produzida pela estrutura econômica de uma sociedade dada, tanto mais a vida cotidiana irradiará sua própria alienação para as demais esferas". Nessa perspectiva, não há isenção de alienação, mesmo para aqueles que têm consciência dela, bastando, para isso, apenas pertencer a uma sociedade alienada, cujos membros sejam isolados, alheios às atividades produzidas. Nesse sentido, podemos entender que:

> *A atividade é atividade alienada quando assume a forma de uma separação ou oposição entre "meios" e "fim", entre "vida pública" e "vida privada", entre "ser" e entre "ter", e entre "fazer" e "pensar". Nessa oposição alienada, "vida pública", "ser" e "fazer" se tornam subordinados como simples meios para o fim alienado da "vida privada" ("gozo privado"), do "ter" e do "pensar".* (Mészáros, 2006, p. 167)

Nesse formato, a alienação descaracteriza a genericidade humana porque, de acordo com Mészáros (2006, p. 168), "a realização da liberdade humana como finalidade do homem torna-se impossível, porque seu fundamento – a atividade vital do homem – se tornou um simples

---

1 No original, aparece o termo *andologia*; porém, acreditamos que se trata de um erro de edição, sendo o vocábulo correto *analogia*.

meio para um fim abstrato". A separação entre o sujeito e a sua atividade humano-genérica aliena e desumaniza o homem.

A alienação, entendida como fenômeno desumanizador, mantém relação com o fenômeno de emancipação dos sujeitos. *Emancipação*, por sua significação literal, lembra "liberdade" e "autonomia", fazendo-nos inferir, portanto, uma oposição a *alienação*. Segundo Peixoto (2013, p. 7), "para o marxismo, os obstáculos para a liberdade encontram-se no próprio processo de produção da existência humana, que, no capitalismo, assume a forma de trabalho estranhado [sic]". A produção da existência, na sociedade alienada, impede cotidianamente a liberdade de ação emancipadora dos indivíduos como conquista histórica, não idealizada.

Assim, entende-se que

> *a emancipação não é um valor universal e consensual, mas um valor histórico e determinado por situações conjunturais que sempre envolveram disputas entre quem deseja a emancipação e quem promove as condições para que este desejo apareça, portanto, quem oprime (por necessidade histórica). Esta é uma tese facilmente defensável à luz da análise do desenvolvimento da história dos homens.* (Peixoto, 2013, p. 10)

O desenvolvimento da história dos homens relaciona-se com o desenvolvimento humano-genérico, e, quando este é tolhido, impede-se a emancipação. Para Peixoto (2013, p. 8), "A emancipação humana, na obra de Marx e Engels, passa a depender – objetivamente – da superação das cadeias radicais que impedem o desenvolvimento do gênero". O trabalho, como atividade vital do homem, propicia sua genericidade pelas objetivações sobre a natureza. Se, entretanto, a atividade vital do homem desenvolve-se de forma estranha a ele, então sua produção é alienada. Vale lembrarmos que, segundo Mészáros (2006, p. 166), "a atividade alienada não produz só a 'consciência alienada', mas também a 'consciência de ser alienado'".

Os processos de alienação e estranhamento e suas implicações sobre a emancipação humana permeiam as atividades relacionadas aos sujeitos na esfera educacional. Para Mészáros (2006, p. 166), "o 'educador', que também necessita educar-se, é parte da sociedade alienada, exatamente como qualquer outra pessoa", uma vez que a manutenção dos mesmos gestos, dos mesmos espaços já percorridos, das coisas como elas estão, dadas como certas, prontas – como o "é assim que deve ser", ou seja, de acordo com as representações estabelecidas no cotidiano programado –, mantêm o educador nessa esfera de alienação. Isso decore do fato de que,

> *No cotidiano, as representações nascem e para ali regressam. No cotidiano, cada coisa [...] é acompanhada de representações que mostram qual é o seu papel. A publicidade, os modelos chamados "culturais" introduzem no cotidiano necessidades que fazem nascer novas representações e, na convergência das representações, o cotidiano se programa.* (Penin, 1995, p. 27)

As fronteiras colocadas pela cotidianidade se materializam na medida em que concepções fragilizadas são também enfraquecidas diante das imposições prescritas aos papéis sociais a que os sujeitos são submetidos. Nesse âmbito limitado, ocorrem ações medíocres na esfera do conforto, de forma consciente ou inconsciente: "Gerações inteiras e milhões de pessoas viveram e vivem na cotidianidade de sua vida como em uma atmosfera natural sem que lhes ocorra à mente, nem de longe, a ideia de indagarem qual o sentido dessa cotidianidade" (Kosik, 2002, p. 79-80).

A falta de questionamento e de reflexão sobre as ações cotidianas limita a ação transformadora e consciente dos sujeitos em sua cotidianidade. É importante salientarmos que a ação transformadora pode também manter a estrutura de exploração humana, seus objetivos.

Ainda que superada a cotidianidade de determinado espaço e determinada época, ainda que por contingência histórica, ela é recriada num novo tempo e num novo espaço com novos contornos, com quais os homens se articulam, adequando-se ao formato do novo cotidiano.

Dessa forma, entende-se a inevitabilidade da cotidianidade. Compreende-se, portanto, que todos pertencem a algum tipo de cotidianidade e aceitam seu comando, resignando-se à sua cadência. Nessa dinâmica, os indivíduos estão continuamente

> *[...] sujeitando seu ritmo de vida aos limites do cotidiano organizado pela rotina habitual e mecânica, dentro de uma mesma dinâmica de repetição, na qual os sujeitos assimilam e adaptam-se à configuração sugerida ou imposta, por impulso natural. A rotina exerce uma função disciplinadora dos comportamentos sociais, fazendo com que os sujeitos se disponham a ela instintiva e passivamente, portanto, não compreendendo a realidade como um todo estruturado, articulado por elementos de caráter histórico.* (Schvarz, 2013a, p. 5)

A vida cotidiana pressupõe a necessidade de aceitação à sua organização. Tal aceitação faz parte do conjunto de ações previstas naturalmente pelos eventos de uma cotidianidade que se configura ao longo da história de um grupo social e seus costumes. "O ditado popular – o homem se acostuma até com a forca – significa que o homem cria para si um ritmo de vida até no ambiente menos habitual, menos natural e humano, também os campos de concentração têm a sua própria cotidianidade, e até mesmo um condenado à morte [a tem]" (Kosik, 2002, p. 81).

Nas interfaces da cotidianidade é que a vida humana vai sendo construída e reconstruída em seu processo de continuidade. Vale ressaltarmos a necessária renovação de concepções com base em de distintas possibilidades modificadoras da realidade com vistas não apenas à interpretação do mundo à nossa volta, mas à transformação dos sujeitos e, consequentemente, da realidade, com base em ações que estejam a serviço de todos por meio da capacidade humana de objetivação inteligente no mundo, cotidianamente.

1.2
O efeito catártico da apropriação consciente do conhecimento científico na cotidianidade

O trabalho do educador no âmbito escolar tem sua gênese no conhecimento científico. O pedagogo como educador – e também por sua formação pedagógica – tem acesso aos conhecimentos fundamentais básicos sobre a formação humana, fundamentados nos pressupostos de diferentes áreas do conhecimento, tais como: a psicologia, a sociologia e a filosofia, entre outros referenciais de cunho metodológico e didático. Assim, pressupõe-se que a base das intervenções do educador seja o seu conhecimento científico somado a sua formação profissional; dessa maneira, diante dos desafios e da complexidade do cotidiano escolar, o educador está apto para a tomada de decisão com base em suas apropriações.

Na complexidade e nas contradições da realidade produzida, o sujeito faz o cotidiano enquanto se faz a si mesmo. Esse fazer-se a si mesmo é decorrente da ação consciente, originada de um processo de reflexão, ou da ação inconsciente, mecânica, limitada à reprodução de ações previamente estabelecidas pelo ambiente ou por outros sujeitos. As ações dos sujeitos no cotidiano são mediadas pelos níveis de autonomia intelectual e social dos indivíduos. As objetivações produzidas na realidade são validadas e confirmadas cotidianamente pelas apropriações humanas sobre a realidade e o mundo a que os sujeitos pertencem. Do cotidiano – e nele próprio – são originadas a criação e as determinações das diferentes esferas da vida, bem como as apropriações adquiridas historicamente pelos ser humano.

O processo inacabado na formação educacional dos sujeitos demanda ações melhoradas e renovadas na medida em que se apresentam as necessidades coletivas e individuais, vislumbrando-se a formação acadêmica e humana, legitimada pela cientificidade do conhecimento.

Infringir as regras do cotidiano pode não ser tarefa fácil. A ação mecanicamente reproduzida propõe estabilidade na execução dos mesmos gestos, no trilhar dos mesmos percursos. Essa neutralização pode ser confortável, no entanto, também pode ocasionar o adormecimento da consciência e a automatização. Além disso, ações automatizadas tornam-se também mecânicas, sem reflexão, o que reduz as possibilidades de desenvolvimento dos indivíduos. Assim, depreendemos que o desenvolvimento está vinculado às escolhas e às decisões cotidianas para que os sujeitos elevem-se para além da cotidianidade. Nesse aspecto, ressaltamos que:

> *A vida cotidiana está carregada de alternativas, de escolhas. [...] Quanto maior é a importância da moralidade, do compromisso pessoal, da individualidade e do risco (que vão sempre juntos) na decisão acerca de uma alternativa dada, tanto mais facilmente essa decisão eleva-se acima da cotidianidade e tanto menos se pode falar de uma decisão cotidiana.* (Heller, 2008, p. 39)

A ação não cotidiana, ou seja, aquela elevada acima da cotidianidade, pode ser traduzida ou compreendida pela lente de uma explicação catártica. Como diz Schvarz (2013b, p. 10), "Catártico ao promover no sujeito a purgação ou libertação de uma condição imposta pelas circunstâncias cotidianas e reproducentes, uma condição contraditória com sua natureza humana". Heller (2008, p. 42) salienta que "o cume da elevação moral acima da cotidianidade é a catarse. Na catarse, o homem torna-se consciente do humano-genérico de sua individualidade". Esse movimento de elevação além da cotidianidade implica migrar da heterogeneidade para a homogeneização da vida cotidiana. A vida cotidiana é heterogênea por suas formas de atividade e requer todas as capacidades humanas nos diversos segmentos, porém nenhuma delas de forma intensa. Duarte (2007, p. 61) afirma que "a esfera da vida cotidiana é uma esfera heterogênea, enquanto que [sic] as esferas não cotidianas, como a ciência e a arte, são esferas homogêneas".

A heterogeneidade da vida cotidiana está relacionada às atividades necessárias à reprodução do homem singular; já a homogeneidade relaciona-se à substância social no processo histórico, em que os expoentes são os mesmos e as escolhas dos sujeitos, como indivíduos, são autônomas e conscientes. De forma simples, ou dito de outra maneira, a atividade humana sobre a realidade objetiva constitui-se de duas esferas da vida cotidiana: na HETEROGENEIDADE, é caracterizada pelas diferentes formas, pelas diferentes representações, que são os fenômenos cotidianos da vida dos indivíduos – as objetivações "em-si"; e, na ESFERA HOMOGÊNEA, pelas atividades acima da realidade aparente, de todos os dias, das mesmas rotinas, pelas objetivações "para-si". Na homogeneização, as objetivações "para-si" têm sentido próprio, sendo, segundo Lukács (citado por Heller, 2008, p. 44), "'o homem inteiro' quem intervém na cotidianidade".

A intervenção do "homem inteiro" pode ser traduzida a partir do conceito de homogeneização, no sentido de que tal ação não é alheia ao indivíduo, pois faz parte dele, como no caso do artista, do cientista e dos revolucionários. Não é possível, porém, viver sempre na esfera do não cotidiano. A sujeição ao cotidiano alienadamente escraviza os indivíduos, limita suas liberdades de ação, impõe concepções que são manipuladas pelo contexto social dos sujeitos.

Nesse sentido, a análise que propomos neste capítulo segue buscando compreender a passagem da alienação para a ação consciente e o efeito libertador proporcionado por essa mudança, ainda que, em grande medida, não seja possível viver completamente fora da esfera do cotidiano. Reconhecemos, portanto, que as atividades cotidianas são inevitáveis, mas que essa problemática se manifesta como nociva e limitadora quando o cotidiano invade excessivamente o campo de ação dos sujeitos pelas objetivações genéricas "em-si", as quais, segundo Duarte (2007, p. 39), "não podem ser identificadas com a alienação". Por outro lado, o autor afirma que

> *[...] podemos considerar um processo de alienação quando as relações sociais impedem o indivíduo de relacionar-se conscientemente com essas objetivações e estruturas, isto é, podemos falar em alienação quando as relações sociais não*

permitem que o indivíduo se aproprie das objetivações genéricas para-si, não permitem, portanto, que essas objetivações sejam utilizadas pelo indivíduo como mediações fundamentais no processo de direção consciente de sua própria vida. Quando o indivíduo não consegue dirigir conscientemente sua vida como um todo, incluída como parte desse todo a vida cotidiana, o que acontece é que sua vida como um todo passa a ser dirigida pela vida cotidiana.

Consideramos, fundamentados na explanação do autor, que o efeito catártico está relacionado à superação do fenômeno de controle e de manipulação da vida cotidiana sobre o indivíduo. Em outras palavras, a direção consciente da própria vida depende da saída do sujeito da cotidianidade, ainda que não completamente.

A apropriação da realidade pelas objetivações "para-si" deslocam o sujeito para um nível superior de interpretação da realidade e de atuação sobre ela. O pressuposto é de que, com base nesse movimento, o efeito traduza-se pela atividade criadora, própria do gênero humano. Guimarães (2002) comenta sobre a relação entre as objetivações "para-si" e a arte, a ciência, a filosofia e a política. As atividades nessas perspectivas refletem a particularidade do sujeito, cujas representações na realidade decorrem das motivações, dos sentimentos e das reações subjetivas.

Pela arte, os sujeitos têm liberdade para se expressarem, rompendo os padrões. Cabe aqui mencionarmos uma experiência[2] da vida cotidiana, em que uma criança de 4 anos traz da escola uma atividade na qual deve colorir desenhos. A criança escolhe as cores que vai utilizar e pinta um porco de azul. A mãe intervém com intenção devidamente originada pela sua forma socialmente convencional de pensar, interrogando a criança sobre a possibilidade de existência de um porco azul, ao que a criança responde que "o que vale é a criatividade". A reação da criança, nesse caso, pode ter sido apenas uma representação da orientação da professora à importância de sua decisão sobre as cores a serem usadas.

---

2 Relato coletado pela autora em Guarapuava, em outubro de 2013.

Ainda assim, sua fala reflete uma ação originada na decisão do sujeito por sua particularidade, o que demonstra rompimento com o instituído, ou seja, como afirma Guimarães (2002, p. 20), podemos entender em tal representação "a ruptura com as amarras do cotidiano particular [...]".

Assim, a ação dos sujeitos sobre a realidade nas esferas da filosofia, da ciência e da política pode ser expressa inicialmente por meio da particularidade do ser humano-genérico e das objetivações genéricas "em-si"; entretanto durante o processo, pode avançar para as objetivações genéricas "para-si". Esse movimento tem como fim deslocar-se do campo de ação alienada para o de ação consciente, pelo desenvolvimento e uso da capacidade intelectual autônoma e pela relação com a ciência, mesmo na esfera do cotidiano. Essa relação pode ser mais bem compreendida por meio da reflexão sobre a educação escolar, por exemplo, e da utilização no cotidiano, de forma pragmática, dos conhecimentos apropriados por meio dela.

> *A escola não visa apenas a essa utilização de produtos da ciência. Ela visa a que o indivíduo possa fundamentar na ciência o pensamento e a ação em vários momentos nos quais o indivíduo [sic] supera (ainda que parcialmente) a heterogeneidade e o pragmatismo da vida cotidiana e se dirige por uma relação homogênea com a ciência. Quando um indivíduo utiliza conhecimentos históricos para buscar compreender sua situação como membro de uma classe social, está ultrapassando (tendencialmente) a consciência de classe em-si e está buscando a consciência de classe para-si.* (Duarte, 2007, p. 64)

A passagem da consciência de classe "em-si" para a consciência de classe "para-si" pode ser considerada um momento catártico, não caracterizado pela emoção ou por outro sentimento que não seja este: o de um momento de despertar da consciência gerado por uma nova concepção, por uma leitura crítica daquela representação social, inferindo-se, assim, que a objetivação "para-si" servirá de base para outras objetivações "para-si". A relação homogênea com a ciência, citada pelo autor, indica uma relação de inseparabilidade, em que o sujeito tem acesso ao conhecimento pela compreensão das interconexões dos fenômenos pelas suas relações internas e externas, pela configuração de totalidade do fenômeno.

O pressuposto da presente obra pretende superar a concepção do conhecimento científico na esfera da informação, muito comum nas escolas. O conhecimento no nível da informação permanece apenas na superficialidade e não se efetiva como desenvolvimento do indivíduo "para-si". Isso significa dizer que o conhecimento não chega a ser conhecido porque não provoca, no sujeito, uma modificação ou uma reedição de suas concepções, permanecendo apenas na esfera da informação. É importante, desse modo, que a relação homogênea entre sujeito e conhecimento seja promovida no processo educativo pela apropriação das objetivações genéricas "para-si", a qual se constitui como uma necessidade nos processos de reprodução social e de desalienação do indivíduo, pela saída do reducionismo imposto pela heterogeneidade da vida cotidiana.

O acesso ao conhecimento científico, viabilizado pelas objetivações genéricas "para-si", pela homogeneização, conta com a atenção concentrada sobre o conhecimento proposto, em que o indivíduo emprega toda sua individualidade, em sua inteireza, em tal tarefa. Sobre isso, Duarte (2007, p. 66) afirma que "os indivíduos não realizam a homogeneização de forma espontânea e natural, mas sim porque assimilam, através da educação escolar, as formas de pensar e agir necessárias a esse processo".

É válida a reflexão a respeito das as concepções dos sujeitos sobre a escola ao ingressarem nela, inclusive no Ensino Superior. Os sujeitos trazem do cotidiano a concepção de que, na escola e na universidade, terão acesso ao conhecimento que lhes proporcionará a condição necessária para ingressarem no mercado de trabalho bem preparado – concepção essa própria da organização social e econômica da vida cotidiana no mundo capitalista, cuja discussão não será aprofundada aqui. Com a abordagem dessa problemática pretendemos apenas utilizar o viés ideológico do capitalismo para exemplificar a ação do educador e a inserção do sujeito na esfera do conhecimento, pelas objetivações genéricas "para-si", apesar das imposições ideológicas, que não podem ser ignoradas, pois estão sempre presentes na organização social.

A função científica da educação escolar acaba esbarrando no conhecimento e nas concepções dos educadores. Para que o educador tenha condições de promover o acesso do estudante ao conhecimento, a condição primeira é que ele próprio tenha conhecimento e, mais que isso, que sua individualidade "para-si" permita-lhe, no interior das possibilidades dadas, certo espaço de movimento na direção da superação contínua do senso comum. Isso só é possível pelo acesso ao conhecimento científico e às formas de elevação da consciência acima da cotidianidade, pela objetivação e pela apropriação da realidade.

Prever ações educativas não cotidianas na cotidianidade, cujos objetivos apontem para novas apropriações pelas objetivações "para-si", pode significar rompimento consciente com práticas e concepções ingênuas, apostando em possibilidades instigantes, de caráter desbravador e audacioso, que possam traduzir-se como emancipação.

No capítulo seguinte, faremos um estudo sobre a formação e a profissionalização do pedagogo. Trata-se de uma abordagem histórica sobre a trajetória do curso de Pedagogia no Brasil, pelo mesmo viés da cotidianidade e de suas representações, considerando toda ação como uma objetivação que se constitui não só histórica e socialmente, mas também na esfera de uma cotidianidade ideológica, política e econômica.

2

Pedagogia e pedagogos: formação e profissionalização

As inquietações em torno do curso de Pedagogia no Brasil são históricas. Discussões, debates e pesquisas sobre a formação do pedagogo evidenciam a problemática da indefinição sobre a função deste na escola desde a instituição do curso de Pedagogia no país, no fim da década de 1930. Técnico, licenciado ou especialista, a função do pedagogo, atualmente, ainda é alvo de críticas e de incertezas entre eles próprios. Assim, o profissional permanece flutuando na esfera escolar entre funções burocráticas e pedagógicas, sem muita clareza sobre seus papéis (e prioridades) nos âmbitos educativo, social e político, consolidados pela ação na esfera da não cotidianidade.

2.1
Formação em Pedagogia: da instituição do curso, em 1939, às Diretrizes Curriculares Nacionais, em 2006

Neste capítulo, nossa abordagem se concentra na discussão sobre a formação e a profissionalização do pedagogo, bem como sobre os avanços e recuos na constituição do curso de Pedagogia no Brasil. Também propomos reflexões sobre a inserção do pedagogo no mercado de trabalho e na estrutura do cotidiano, ao longo do processo de formalização da profissão, contextualização necessária para não analisarmos o fenômeno de forma isolada. Assim, o estudo propõe investigar os elementos que mantêm uma relação direta com a estruturação do fenômeno e com sua manifestação, histórica e socialmente constituída pela atividade humana na produção de determinadas necessidades.

> *A possibilidade de uma produção indefinida que não se limita ao essencial (Marx) produz no homem a necessidade de modificar-se permanentemente, de renovar-se, de transformar-se. Essa necessidade de novidade, a necessidade de transformarmos constantemente tanto a sociedade quanto a nós mesmos, é uma das maiores conquistas da história humana.* (Heller, 2008, p. 118)

A complexidade dessas conquistas nas diversas esferas da vida humana exige uma busca constante de apreensão e compreensão da realidade e de seus fenômenos, bem como do próprio homem e de sua ação sobre o mundo.

O fenômeno educativo e as suas demandas implicam objetivações humanas no intuito de se interpretar a realidade para poder transformá-la. Assim, nesse processo de intervenção, os sujeitos protagonizam a sua própria história num cenário de inquietações, diálogos, oposição, consenso e anuência. Consideremos que:

> Pedagogia é, então, o campo do conhecimento que se ocupa do estudo sistemático da educação, isto é, do ato educativo, da prática educativa concreta que se realiza na sociedade como um dos ingredientes básicos da configuração da atividade humana. Nesse sentido, educação é o conjunto das ações, processos, influências, estruturas, que intervêm no desenvolvimento humano de indivíduos e grupos na sua relação ativa com o meio natural e social, num determinado contexto de relações entre grupos e classes sociais. (Libâneo, 2010, p. 30)

O curso de Pedagogia, como sistematização da educação e do ato educativo social no Brasil, foi instituído com a promulgação do Decreto-Lei n. 1.190, de 4 de abril de 1939 (Brasil, 1939), que organizou a Faculdade Nacional de Filosofia da Universidade do Brasil. Em nível de bacharelado, o curso visava à formação de técnicos e professores.

Assim, o pedagogo passava por uma formação geral de três anos para o bacharelado. Para a licenciatura, cujo título permitia a atuação como professor, era preciso estudar um ano a mais nos cursos de Didática Geral e Didática Especial, além de participar das atividades de prática de ensino (estágios). Entre bacharelado e licenciatura, ficou estabelecido que o curso tivesse quatro anos de duração, embora as disciplinas da licenciatura pudessem ser cursadas simultaneamente no último ano de bacharelado. Assim,

> *O curso de pedagogia foi definido como um curso de bacharelado ao lado de todos os outros cursos das demais seções da faculdade. O diploma de licenciado seria obtido por meio do curso de didática, com a duração de um ano, acrescentado ao curso de bacharelado. Está aí a origem do famoso esquema conhecido como "3+1".* (Saviani, 2012, p. 35)

Quando da constituição do curso de Pedagogia, a matriz curricular constituía-se, segundo Saviani (2012, p. 39), da seguinte maneira:

- *1º ano: Complementos de matemática; história da filosofia; sociologia; fundamentos biológicos da educação; psicologia educacional.*
- *2º ano: Psicologia educacional; estatística educacional; história da educação; fundamentos sociológicos da educação; administração escolar.*
- *3º ano: Psicologia educacional; história da educação; administração escolar; educação comparada; filosofia da educação.*

É importante considerarmos que, no processo de implantação de um novo projeto, as bases estruturantes vão sendo alicerçadas e alocadas de acordo com o andamento do processo, e que, na medida em que são consolidadas as ações, confirmam-se ou não as hipóteses. Desse modo, o projeto vai tomando forma gradativamente, de acordo com as mudanças e adaptações necessárias. É importante, porém, também percebermos que, desde a sua institucionalização, o curso de Pedagogia traz uma lacuna em sua configuração: a divisão entre a formação científica ou técnica e a licenciatura. Esses dois aspectos são tratados separadamente, denunciando que as bases fundantes do curso seguem a lógica da formação técnica e do "saber fazer", sustentada por um ideário implantado ao sistema educacional brasileiro. Sobre isso, Brzezinski (2012, p. 43) afirma que:

> *O pragmatismo funcional é a própria negação da verticalidade e do aprofundamento da pesquisa, pois não há elaboração da teoria. Foi esse pragmatismo um dos fatores responsáveis pelo "desvio" do curso de Pedagogia, porque o centra mais na vertente profissionalizante. Isso gerou uma situação peculiar bastante contraditória: a Pedagogia foi transformada em um campo prático. O professor assim formado passava a dominar métodos e técnicas adequados à prática docente, mas não se aprofundava em estudos da Pedagogia como área de saber, isto é, não buscava a teoria elaborada por meio da pesquisa, como se fosse possível separar o indissociável: teoria e prática.*

O curso de Pedagogia, desde sua implantação, deixa lacunas também no que se refere à compreensão e à clareza sobre a função a ser exercida pelo pedagogo na condição de técnico, tendo em vista o currículo fechado[1] do curso. Segundo Saviani (2012, p. 36), isso se deu "em homologia com os cursos das áreas de filosofia, ciências e letras e não os vinculando aos processos de investigação sobre os temas e problemas da educação". A falta de vínculo com a pesquisa e o desinteresse pelos problemas educacionais expressam os objetivos do curso como voltados para a formação meramente prática, ou seja, apenas como preparação para a execução de tarefas preestabelecidas, enquadradas nos parâmetros do "deve ser feito assim", para alcançar este ou aquele resultado. Esses objetivos, obsoletos e positivistas, não atendem às necessidades educativas de sujeitos humanos em processo de aprendizagem e desenvolvimento intelectual e cognitivo, cuja ação sobre a realidade é determinante no seu processo de apropriação dos elementos da realidade pela mútua transformação entre sujeito e realidade. Isso porque, como nos explicam

---

1 "Fechado", no contexto desta obra, significa a desvinculação do currículo com os processos de investigação sobre os problemas da educação, ou seja, um caminho fechado para o desenvolvimento do espaço acadêmico da pedagogia.

Marx e Engels (2007, p. 14), "Uma forma específica de apropriação da natureza determina as formas de organização social e a consciência".

Segundo Saviani (2012), da implantação do curso de Pedagogia, em 1939, à promulgação da Lei n. 4.024, de 20 de dezembro de 1961 (Brasil, 1961), denominada Lei de Diretrizes e Bases – LDB, a luta foi pela identidade e pela profissionalização do pedagogo, permanecendo o curso com a mesma estrutura durante todo esse período, ou seja, com o formato "3+1": três anos de bacharelado mais um ano de licenciatura. Segundo Brzezinski (2012, p. 45), "esse sistema de formação de professores secundários perdurou por 23 anos e passou para a história dos estudos pedagógicos em nível superior com a denominação 'esquema 3 + 1'".

Esse período histórico foi marcado por intenso movimento nas esferas educacional, política e econômica, durante um período de expansão do capitalismo, de centralização do poder pela ditadura do governo Vargas, de movimentação em torno de propostas educacionais, como o Manifesto dos Pioneiros da Educação Nova e as disputas ideológicas entre católicos e liberais. Sobre estas últimas, sabemos que,

> *Enquanto os liberais, grupo em que se incluíam os escolanovistas, desejavam mudanças qualitativas e quantitativas na rede pública de ensino, católicos e integralistas desaprovavam alterações qualitativas modernizantes e democráticas. Essa situação conferia um caráter contraditório à educação escolar. Tinha início, então, um sistema que – embora sofresse pressão social por um ensino mais democrático numérica e qualitativamente falando – estava sob o controle das elites no poder, as quais buscavam deter a pressão popular e manter a educação escolar no seu formato elitista e conservador.* (Libâneo; Oliveira; Toschi, 2012, p. 155)

Nessa trajetória, o pedagogo permaneceu sob a indefinição e a incerteza sobre a sua atuação no mercado de trabalho. Brzezinski (2012, p. 45) revela que "o bacharel em Pedagogia se formava técnico em educação, cuja função no mercado de trabalho nunca foi precisamente definida. A falta de identidade do curso de Pedagogia refletia-se no exercício profissional do pedagogo". Vale ressaltarmos que tal indefinição estava relacionada à função técnica, específica desse profissional. Na condição de professor, dos anos iniciais ou da educação infantil, a concepção sobre a sua função era a mesma sobre qualquer outro professor de qualquer outra área: saber ensinar, ter conhecimento metodológico e didático, dominar questões relacionadas ao conteúdo programático e às especificidades da sala de aula, o que fazia permanecer a dicotomia entre os conhecimentos teóricos e a prática.

A dificuldade apresentada com relação à identidade e à função do pedagogo levou à discussão sobre a continuidade ou não de existência do curso. De acordo com Saviani (2012), algumas mudanças no curso de Pedagogia vieram com a LDB de 1961, por meio do Parecer n. 251, de 1962 (Brasil, 1963), aprovado pelo Conselho Federal de Educação – CFE, cujo autor, Valnir Chagas, fez referência à indefinição do curso, à possibilidade da sua extinção e à justificativa para a sua manutenção.

A partir daí, o curso de Pedagogia sofreu algumas alterações em sua estrutura. No que se refere ao currículo, Saviani (2012, p. 38) afirma que "foi mantido o caráter generalista, isto é, não foram, ainda, introduzidas as habilitações técnicas. O rol de disciplinas sofreu algumas alterações, não, porém, em aspectos substantivos". O acesso aos conhecimentos gerais, tornando o pedagogo um profissional generalista, dificultou a sua atuação, uma vez que tais conhecimentos não apresentavam características de ação prática, estando relacionados às áreas teóricas do conhecimento sobre o homem e a realidade. Tais conhecimentos, por sua complexidade, sugerem estudo e pesquisa em níveis mais aprofundados para que possam ser interpretados e compreendidos, bem como trazer contribuição efetiva ao campo educacional.

Nesse sentido, considerando-se a realidade brasileira, em relação às políticas educacionais, ocorrem os entraves promovidos pelos interesses antagônicos à qualidade da educação, as políticas de interesse da classe elitista, da igreja, da ditadura governamental, dos ideários implantados, do interesse na formação para o trabalho, entre outros aspectos de manipulação.

Em detrimento da formação de um profissional com envergadura científica, portanto, valorizam se a técnica e os conhecimentos básicos e necessários na organização do espaço escolar e suas demandas cotidianas.

> *Assim, as práticas pedagógicas pragmática, tecnicista e sociologista reduziram a Pedagogia, no Brasil, a uma área profissionalizante, descomprometida com a produção do conhecimento, isto é, descartou-se a elaboração da teoria para enfatizar a prática da experiência, do treinamento, do domínio da técnica, do domínio da metodologia, do engajamento prático na organização coletiva. No Brasil, o que houve foi o desenvolvimento de estudos sobre a intervenção pedagógica com ênfase na educação escolar, na educação formal, na sala de aula, e generalizou-se a ideia da pedagogia como curso.* (Brzezinski, 2012, p. 44)

Embora tenha sido intenso o movimento, no campo educacional, no período compreendido entre a instituição do curso de Pedagogia e a aprovação da primeira LBD, podemos notar que a produção do conhecimento não foi prioridade. Antes, porém, a preocupação esteve em torno da organização escolar, da disciplina, do nacionalismo, do patriotismo e do doutrinamento, da lógica dos conteúdos e do aproveitamento escolar. Nesse período, surgiram também as instituições de ensino da rede particular, por iniciativa da Igreja Católica, opondo-se às ideias comunistas de alguns intelectuais.

Os movimentos e a luta pela escola pública, por exemplo, marcaram época, traduzindo o esforço de pensadores engajados na defesa da educação popular, entre outros movimentos, e a criação de instituições com objetivos voltados à educação e à formação profissional.

Sobre os movimentos de educação popular, é possível afirmarmos que,

> *Apesar do desalento dos intelectuais que lutaram por uma LDB mais democrática, na primeira metade da década de 1960 sucedeu-se um período de profunda efervescência ideológica [...] mas também uma ação efetiva em movimentos de educação e cultura popular, empenhados não apenas na alfabetização, mas também no enriquecimento cultural e na conscientização política do povo.* (Aranha, 2006, p. 311-312)

As conquistas no campo educacional têm uma relação direta com a ação coletiva e, principalmente, com a ação daqueles que estão diretamente ligados ao processo educativo e às suas demandas. A resistência aos imperativos da ditadura governamental, as manifestações populares contra o abuso de poder, contra todo tipo de política interesseira e desigual, em que a minoria dominante detinha o poder e os privilégios, refletia um posicionamento crítico e provocativo dos grupos manifestantes em direção à mudança de concepção. Segundo Aranha (2006, p. 312), "variava a composição ideológica desses grupos, com influência tanto marxista como cristã". Não há como não relacionar tal posicionamento à educação e, logicamente, aos professores e educadores. Freire (1987, p. 16) afirma: "Mais uma vez os homens, desafiados pela dramaticidade da hora atual, se propõem, a si mesmos, como problema. Descobrem que pouco sabem de si, de seu 'posto no *cosmos*', e se inquietam por saber mais".

A inquietação levou ao engajamento pelo movimento de forças contrárias, que se traduziram por meio de diferentes modos de manifestação, como:

> *Peças de teatro (às vezes apresentadas na rua); atividades nos sindicatos e universidades; promoção de cursos, exposições e publicações; exibição de filmes e documentários; alfabetização da população rural ou urbana marginalizada e animação cultural nas comunidades com o treinamento de líderes locais tendo em vista melhor participação política.* (Aranha, 2006, p. 312)

Essa significativa mobilização popular na década de 1960, no Brasil, reivindicava o reconhecimento da dignidade da fração popular privada de direitos básicos. Uma boa síntese desse movimento poderia ser a seguinte:

> *A referência mais marcante desse movimento pedagógico-político-cultural é o projeto de Paulo Freire em Angicos, no Rio Grande do Norte, em 1963. Dentre os movimentos implantados no Nordeste, todos no início da década de 1960, podem ser citados o Movimento de Cultura Popular (MCP), criado na Prefeitura de Recife; a campanha "De pé no chão também se aprende a ler", instituída pela Prefeitura de Natal; e o Movimento de Educação de Base*

(MEB), criado pela Conferência Nacional dos Bispos do Brasil em convênio com o governo federal. (Streck, 2010, p. 301)

Os processos de exclusão e de geração de desigualdades sociais são expressivamente apontados pela pedagogia freireana (Streck, 2010), marcando fortemente esse período histórico com apelos provocativos sobre a necessidade de se despertar a consciência crítica e de se fazer uma releitura da realidade, condições básicas para o enfrentamento proposto. Assim, podemos compreender que:

> *Enquanto o ser que simplesmente vive não é capaz de refletir sobre si mesmo e saber-se vivendo no mundo, o sujeito existente reflete sobre sua vida, no domínio mesmo da existência e se pergunta em torno de suas relações com o mundo. [...] Somente os seres que podem refletir sobre sua própria limitação são capazes de libertar-se, desde, porém, que sua reflexão não se perca numa vaguidade descomprometida, mas se dê no exercício da ação transformadora da realidade condicionante.* (Freire, 2007, p. 78)

Nessa proposição, "Jovens estudantes cristãos e também sacerdotes passaram a atuar criticamente, desenvolvendo programas de conscientização, ao lado de comunistas e socialistas, todos voltados para a 'construção de um novo país'" (Aranha, 2006, p. 312, grifo do original).

A soma dos esforços desses movimentos culminou em importante reflexão sobre a importância do fortalecimento coletivo na luta pela conquista da democracia, da igualdade de direitos, da participação popular nas decisões políticas. Mesmo assim, segundo Aranha (2006), o movimento popular foi criticado e chamado de *populismo*; seus líderes, segundo a crítica, exerciam um papel paternalista e autoritário pela manipulação rotulada de "orientação do povo", com relação àquilo que concebiam como "o melhor caminho".

Ainda sobre os movimentos populares, encontramos na mesma autora a indicação de que,

> *Para compreendê-los melhor, convém analisar a ideologia nacional-desenvolvimentista reinante e o anseio de resolver o dramático e sempre desprezado problema do ensino brasileiro: o da educação universal. Além disso, aqueles grupos representaram um modo de atuação que não exigia apenas providências do Estado, mas procuravam eles mesmos delinear, na sociedade civil, os caminhos possíveis de mudança. O golpe militar desativou esses movimentos de conscientização popular, por considerá-los subversivos, e penalizou seus líderes.* (Aranha, 2006, p. 312)

Assim, a década de 1960, no Brasil, foi marcada pelos movimentos populares envolvendo várias esferas sociais com base em uma variada composição ideológica e intensa experimentação educativa. No que diz respeito ao curso de Pedagogia e seus egressos, sua atuação política numa época de muita expectativa em relação ao desenvolvimento econômico e educacional no país foi inexistente, indiferente. Em 1961, com a nova LDB, houve um fortalecimento no âmbito educacional, novas regulamentações e novas propostas, porém não suficientes para mudanças significativas na formação do pedagogo. Como vimos da regulamentação do curso à aprovação da LDB, – um período de 22 anos –, mesmo havendo movimento intenso em torno das questões educacionais, não foram expressivos nem o avanço nem as mudanças no curso de Pedagogia no Brasil. Assim,

> *Marcado por uma pseudoidentidade, passo a passo, o curso de Pedagogia foi ocupando lugar periférico no contexto das licenciaturas que já eram periféricas no elenco dos demais cursos superiores, porque percebidas como cursos de segunda categoria. Os professores mais bem preparados na universidade não se dedicavam ao curso de Pedagogia.* (Brzezinski, 2012, p. 47)

O descrédito em relação ao curso de Pedagogia seguia no mesmo ritmo quando, em 28 de novembro de 1968, foi aprovada a Lei n. 5.540/1968, ou Lei da Reforma Universitária (Brasil, 1968), que propôs novo formato ao curso. Essa lei

> [...] ensejou uma nova regulamentação do curso de Pedagogia, levada a efeito pelo Parecer n. 252/69 do CFE, também de autoria de Valnir Chagas, do qual resultou a Resolução CFE n. 2/69, com a seguinte ementa: "fixa os mínimos de conteúdo e duração a serem observados na organização do curso de Pedagogia".
> [...] Tendo argumentado no Parecer que a profissão que corresponde ao setor de educação "é uma só e, por natureza, não só admite como exige 'modalidades' diferentes de capacitação a partir de uma base comum" (BRASIL, CFE, 1969, p. 106), o relator conclui que não há razão para se instituir mais de um curso. (Saviani, 2012, p. 39)

Com isso, a parte diversificada do curso de Pedagogia seriam, então, as habilitações, as quais passaram a ser válidas com a Resolução CFE n. 2, de 11 de abril de 1969 (Schuch, 1972) aprovada pelo Plenário do Conselho Federal de Educação – CFE, segundo Saviani (2012, p. 40), "fixando como título único o de licenciado". As habilitações são descritas no trecho indicado a seguir:

> Art. 1º – A formação de professores para o ensino normal e de especialistas para as atividades de orientação, administração, supervisão e inspeção, no âmbito de escolas e sistemas escolares, será feita no curso de graduação em Pedagogia, de que resultará o grau de licenciado com modalidades diversas de habilitação. (Saviani, 2012, p. 40)

As habilitações do curso de Pedagogia, propostas por essa reforma, representaram a tentativa de transformação do pedagogo como GENERALISTA para o pedagogo como ESPECIALISTA. A base comum do curso de Pedagogia ficou composta pelas seguintes disciplinas ou matérias: Sociologia Geral, Sociologia da Educação, Psicologia da Educação, História da Educação, Filosofia da Educação e Didática (sendo esta última obrigatória no currículo do núcleo comum do curso).

Por meio dessa reforma, também se estabeleceu que o pedagogo poderia lecionar no Ensino Primário, sob a justifica de que, se o curso de Pedagogia forma professores para níveis mais avançados de ensino, poderia também formar professores para o nível mais básico. O relator do Parecer n. 252/1969 (citado por Brzezinski, 2008, p. 74) aponta que essa é a lógica de que "quem pode o mais pode o menos", mesmo sem ter formação específica para tal docência. As contradições foram inerentes a todo processo de constituição do curso de Pedagogia; as mudanças promovidas não se deram em condições de desenvolvimento favorável, sendo ainda promovidas por interesses alheios à essência educativa do processo e tendo como objetivos o controle e a manipulação.

Como consta em Saviani (2012), o formato do curso de Pedagogia em habilitações, depois da reforma universitária, ficou organizado da seguinte maneira: habilitação em Orientação Educacional, em Administração Escolar, em Supervisão Escolar e em Inspeção Escolar, sendo as três últimas designadas para serem exercidas nas escolas de 1º e 2º graus, hoje ensinos fundamental e médio, respectivamente. Também foi criada a habilitação de Ensinos das Disciplinas e Atividades Práticas dos Cursos Normais – para exercício docente do pedagogo, no curso Normal. As cinco habilitações eram consideradas cursos de longa duração, com 2.200 horas, no mínimo.

Para atuação exclusiva nas escolas de 1º grau, as habilitações poderiam ser cursadas em 1.100 horas, sendo os cursos considerados de curta duração. O objetivo, segundo Saviani (2012), era atender às exigências imediatas do mercado de trabalho, indicando como prioridade as demandas de força de trabalho qualificada. Essa iniciativa relegou a segundo plano a formação do pedagogo.

Cabe, neste momento, refletirmos sobre o que Frigotto (2010, p. 29) explicita sobre esse investimento, ao afirmar que "a teoria do capital humano[2] representa a forma pela qual a visão burguesa reduz a prática educacional a um 'fator de produção', a uma questão técnica". A capacitação

---

2 "Embora seja possível mencionar mais de uma dezena de trabalhos que se referem ao investimento nas pessoas após os fragmentos dos clássicos, é somente a partir da década de 1950 que esta ideia se desenvolve de forma sistemática, especialmente por trabalhos de pesquisadores americanos e ingleses, colimando com o que se convencionou denominar, por analogia ao capital físico, de teoria do capital humano" (Frigotto, 2010, p. 48).

fragmentada ou a formação do especialista, no caso do pedagogo, expressa os vínculos ideológicos capitalistas de uma economia desenvolvimentista em ascensão, cujo ideário positivista sustentava as condições e as exigências impostas pelo setor produtivo. É a lógica do mercado econômico, da indústria, da fábrica, aplicada ao setor educacional, em que as políticas de formação submeteram educadores trabalhadores à funcionalidade do sistema.

Nesse panorama de contradições, incertezas, indefinições e ajustes, as determinações político-hegemônicas estiveram presentes nas tentativas de mudanças e no delineamento do perfil profissional e do cotidiano pedagogo. Para Florestan Fernandes, citado por Ianni (2004, p. 259), "os processos de mudança são, com frequência, fenômenos de poder, na evolução das sociedades. E o controle da mudança, por sua vez, quase sempre aparece como fenômeno político [...]". Esse fenômeno implica a submissão dos sujeitos à hierarquia do sistema, a qual, por sua vez, é parte constitutiva do cotidiano. A inserção acrítica dos sujeitos em determinado contexto, no entanto, pode ser fruto de alienação promovida pelo próprio contexto. É preciso reconhecer a importância da organização em qualquer esfera da vida cotidiana, vendo a organização como um elemento necessário ao andamento de qualquer processo da atividade humana. Nesse sentido, a organização do trabalho escolar e a distribuição de funções, por exemplo, contribuem para a funcionalidade do cotidiano escolar. Assim, as habilitações justificavam a intenção relacionada à organização pela delegação de tarefas especificamente. Nesse sentido,

> *A sobrecarga no currículo de disciplinas ligadas à formação de professores das séries iniciais do antigo 1º grau levou à diminuição do peso das disciplinas teóricas (fundamentos da educação, currículo, avaliação, teorias da educação) e, especificamente, das disciplinas que identificavam mais o exercício profissional do pedagogo incluídas nas habilitações (goste-se ou não, as habilitações asseguravam, de fato, conteúdos e práticas concernentes ao desempenho de funções de pedagogo, como os princípios e métodos da administração escolar, fundamentos da supervisão e orientação educacional, planejamento educacional, didática, medidas educacionais, práticas de gestão, métodos e técnicas de pesquisa etc.).* (Libâneo, 2010, p. 10-11)

Também envidenciamos, por outro lado, os interesses priorizados pelas políticas propostas para a formação profissional do pedagogo e que justificam a organização do cotidiano dos educadores no espaço escolar.

O centro de interesse, na configuração e nas mudanças propostas para o curso de Pedagogia, mantém uma relação direta com as mudanças econômicas, com as influências políticas externas, com as ações de controle governamental, com as estruturas hegemônicas e com a manutenção de paradigmas. É nesse cenário de movimento intenso, em todas as esferas sociais, que a escola é repensada. Nesse processo, repensa-se também aqueles que nela atuarão. O pedagogo, por exemplo, foi um profissional projetado nos moldes do sistema econômico vigente ao qual a escola, como esfera social, e toda a sua funcionalidade institucional estão sujeitas.

Sobre a formação do pedagogo fragmentada em habilitações, Brzezinski (2012, p. 80) afirma que: "Pela política adotada, o especialista formado pelo curso de Pedagogia já tinha endereço certo: ele ocuparia funções específicas nas escolas e nos sistemas de educação". Os elementos constitutivos do cotidiano do exercício profissional do pedagogo traduzem-se como fenômenos cujos movimentos implicam a necessidade de um olhar não somente para o que está explícito, mas também para além da esfera de um cotidiano manipulado, pensado externamente pela lógica da necessidade da força de trabalho especializada e da organização do espaço e da instituição, cujas funções técnicas são distintas. Seguindo essa lógica, é importante considerar que:

> *As questões que se colocam contra a coerência tecnicista estão além do modelo de formação do técnico-especialista em si. Sua perversidade está em favorecer o preparo de profissionais da educação mediante estudos sobre métodos e técnicas de ensino de forma acrítica e supostamente neutra e um exercício profissional que fragmenta o trabalho pedagógico na escola, ao mesmo tempo em que incentiva a formação sectarizada.* (Brzezinski, 2012, p. 80)

Nessa perspectiva, o pedagogo permanece longe de figurar como um profissional conhecedor e capaz de compreender com mais propriedade e segurança a complexidade do processo educativo, participando e intervindo nele historicamente. Em lugar disso, porém, pode exercer sua atividade profissional alienadamente, servindo aos imperativos arbitrários do sistema, refém de uma formação estanque que desconsidera sua totalidade como sujeito político e social.

A inserção do egresso do curso de Pedagogia no cotidiano previsto, traduzido pelas ações a serem desenvolvidas, revela que:

> *Pelas habilitações procurou-se privilegiar a formação de técnicos com funções supostamente bem especificadas no âmbito das escolas e sistemas de ensino que configurariam um mercado de trabalho também supostamente já bem constituído, demandando, em consequência, os profissionais com uma formação específica que seria suprida pelo curso de Pedagogia; daí a reestruturação desse curso exatamente para atender à referida demanda.* (Saviani, 2012, p. 44)

A referida demanda é reveladora de um contexto escolar já organizado, ou seja, é a expressão da realidade dada. Assim, a escola, por sua configuração, segue a mesma lógica da empresa, cujos papéis são definidos previamente, de acordo com suas necessidades objetivas. Nesse caso, os sujeitos inseridos em seu contexto têm suas funções também previamente estabelecidas.

> *Supõe-se, portanto, que a escola já está devidamente organizada e o ensino funcionando dentro de parâmetros adequados, cabendo ao especialista inserir-se nela para garantir-lhe a eficiência por meio de uma racionalidade técnica que maximize a sua produtividade. Trata-se, em suma, daquilo que estou denominando "concepção produtivista de educação", que, impulsionada pela teoria do capital humano formulada nos anos 50 do século XX, se tornou dominante em nosso país a partir do final da década de 1960, permanecendo hegemônica até os dias de hoje.* (Saviani, 2012, p. 45)

A produtividade é o centro da atividade capitalista; portanto, em qualquer segmento social, a lógica sempre é a mesma: produção. A relação entre o sujeito e o que ele produz, ou seja, o exercício da profissão como atividade humana deve proporcionar transformação em ambas as partes. Se assim não for, então, o trabalho executado torna-se alheio ao sujeito, alienando-o de sua atividade, como nos mostram Duarte e Saviani (2012, p. 26) ao afirmarem que

> [...] a relação dos indivíduos com os produtos da atividade humana não se pode transformar radicalmente se não ocorrer a mesma transformação da relação entre o sujeito e sua própria atividade. O produto do trabalho alienado assume a forma de um objeto alheio, estranho, externo e hostil ao trabalhador. Mas, como afirma Marx (idem, p. 108): "o produto não é mais que o resumo da atividade, da produção. [...] Na alienação do produto do trabalho não faz mais que se resumir a alienação, a exteriorização na atividade do próprio trabalho".

No cotidiano, a atividade humana como objetivação genérica "em-si" formaliza-se no espaço da realidade dada, do mundo pronto. Cabe aos sujeitos a adaptação, cuja esfera de intervenção limitada pela proposta do cotidiano, ou seja, se assim foi pensado, determinado, então assim deve ser feito.

Avançar e ultrapassar os limites impostos pelo cotidiano pode significar uma ação efetivamente válida e transformadora, tanto dos sujeitos quanto da realidade apresentada. Nessa perspectiva, os profissionais inseridos no cotidiano escolar exercem funções preestabelecidas, muitas vezes, senão na maioria delas, passivamente e sem questionamentos. O cotidiano delimita a ação desses profissionais e, ao mesmo tempo, produz a aceitação de seus conceitos hegemônicos como legítimos pela formação de uma nova consciência, não por uma reflexão inteligente, e sim pela reprodução da realidade e de si mesmo. Enquanto os sujeitos reproduzem a realidade, produzem-se a si mesmos por meio das representações já existentes.

Nesse sentido, o perfil profissional do pedagogo é esboçado em sua formação acadêmica. No caso de um curso dividido em habilitações, cada uma delas propõe um perfil profissional. São modos de vida que produzem, e ao mesmo tempo são produzidos pelo trabalho do educador. Talvez a crítica não devesse recair sobre as habilitações em si, considerando a necessidade de se conhecer os aspectos relacionados a cada setor especificamente, abordados por elas. O pedagogo deve conhecer os elementos básicos da administração escolar, da coordenação pedagógica e do serviço de orientação educacional e, obviamente, das questões pedagógicas. É o "chão" da escola. O que se percebe pela proposta das habilitações, no entanto, é a setorização, uma política de compartimentos pelo viés taylorista de produção, perpassando a relação entre as funções do pedagogo, dos professores e dos estudantes pela execução de tarefas distintas, fragmentadas e operacionais. Sobre esse processo, Saviani (2012, p. 12-13) enfatiza que

> *[...] na pedagogia tecnicista o elemento principal passa a ser a organização racional dos meios, ocupando o professor e o aluno posição secundária, relegados que são à condição de executores de um processo cuja concepção, planejamento, coordenação e controle ficam a cargo de especialistas supostamente habilitados, neutros, objetivos, imparciais. A organização do processo converte-se na garantia da eficiência, compensando e corrigindo as deficiências do professor e maximizando os efeitos de sua intervenção.*

Semelhante ao que ocorre em outras esferas do trabalho pela produção material da existência e de si mesmo, o ser humano, no âmbito da educação, também cria meios ou modos de vida que justifiquem suas formas de pensar e agir. Na sociedade de classes, esse processo evidencia-se com muito mais precisão, uma vez que uma classe pensa a ação, enquanto a outra apenas a executa e se reproduz.

Encontramos nos escritos de Marx e Engels (2007) a discussão sobre a produção dos meios de vida e a necessidade de reprodução como determinantes da produção do próprio homem, de como ele é, pelo processo de intercâmbio entre os sujeitos, condicionado pela produção. Vejamos a seguinte afirmação:

> *O modo pelo qual os homens produzem seus meios de vida depende, antes de tudo, da própria constituição dos meios de vida já encontrados e que eles têm de reproduzir. Esse modo de produção não deve ser considerado meramente sob o aspecto de ser a reprodução da existência física dos indivíduos. Ele é, muito mais, uma forma determinada de sua atividade, uma forma determinada de exteriorizar sua vida, um determinado* modo de vida *desses indivíduos. Tal como os indivíduos exteriorizam sua vida, assim são eles. O que eles são coincide, pois, com sua produção, tanto* **com o** *que produzem como também com o* **modo como** *produzem.* (Marx; Engels, 2007, p. 87, grifos do original)

A relação teórica indica que a capacitação e a formação do especialista na habilitação do profissional poderão constituir-se como produção a serviço da reprodução, como elemento das exigências de um sistema capitalista, cujas estruturas ditam as normas de organização aos diferentes segmentos da vida em sociedade. Vale afirmarmos, porém, que, por meio do conhecimento que permite a percepção das relações entre os fenômenos da realidade, aumentam as possibilidades de movimento dos sujeitos, não apenas para a reprodução, mas também para a transformação.

Segundo Brzezinski (2012, p. 79), se bem preparados, "os profissionais da escola terão condições de articular suas ações, possibilitando o desenvolvimento do trabalho orgânico e coletivo porque possuem uma formação básica e comum – todos são professores".

O trabalho orgânico e coletivo depende tanto de uma formação sólida, cujos objetivos atendam às necessidades primordiais para o desempenho profissional do pedagogo no espaço escolar, quanto de que tal desempenho seja em função da coletividade escolar, ou seja, que as ações promovam o crescimento de todos os envolvidos no processo educativo.

Em 11 de agosto de 1971, foi aprovada a Lei n. 5.692 (Brasil, 1971), que fixou as Diretrizes e Bases para o Ensino de 1º e 2º graus (atualmente ensinos fundamental e médio, respectivamente) e, a partir dela, novas propostas foram elencadas em torno do curso de Pedagogia. Desde o início, considerando-se os problemas relativos ao assunto, seja por falta de identidade, seja pelas questões curriculares, as conclusões apontavam para a extinção do curso, o que exprimia descrédito, ausência de luta e de organização política e coletiva dos profissionais da educação. Segundo Silva (2003), as necessidades geradas pela Reforma do Ensino de 1º e 2º graus (Lei n. 5.692/1971) traçaram normas gerais que imputaram mudanças em todos os cursos de licenciatura. Assim, a formação de professores foi redefinida pelas indicações[3] do CFE, sob a influência direta de Valnir Chagas, conselheiro que propunha a extinção do curso de Pedagogia desde 1962.

Silva (2003) afirma que as indicações do CFE propuseram que a formação de professores especialistas em educação se desse como regra geral, não em nível de pós-graduação, mas como habilitações. E como ficou o curso de Pedagogia?

> *Com efeito, quanto ao destino do Curso de Pedagogia, o conselheiro tomou outro rumo em relação à previsão de 1962. O que Valnir Chagas fez foi desdobrar as antigas tarefas anteriormente concentradas no curso, em variadas alternativas de cursos e/ou habilitações que comporiam parte do que passou a chamar de licenciaturas das áreas pedagógicas (CFE, indicação n. 67/75, em CHAGAS, 1976, pp. 75-76). Nesse sentido não se falaria mais em curso de pedagogia.* (Silva, 2003, p. 60)

No entanto, ainda não se poderia falar em *extinção* do curso de Pedagogia, uma vez que, em um dos dispositivos da Indicação n. 70/1976 do CFE – art. 2º, parágrafo 5º – segundo Silva (2003), o pedagogo

---

3 "É a indicação CFE n. 67/75 que prescreve a orientação básica a ser seguida nessas áreas, as quais deveriam ter-se consubstanciado em quatro outras indicações: a indicação CFE n. 68/75, que redefine a formação pedagógica das licenciaturas; a indicação CFE n. 70/76, que regulamenta o preparo de especialistas e professores de educação; a indicação CFE n. 71/76, que regulamenta a formação superior de professores para educação especial; e a indicação prevista, mas não encaminhada, que deveria regulamentar a formação, em nível superior, do professor dos anos iniciais da escolarização, compreendendo aí também a pré-escola" (Silva, 2003, p. 58).

estava definido como especialista em Educação, com aprofundamento teórico em Fundamentos ou Metodologia da Educação.

A repercussão das propostas de Valnir Chagas na década de 1970, bem como a instabilidade gerada por elas, contribuiu para que o processo desencadeado pelo CFE fosse interrompido. Entretanto, "Mesmo com o retrocesso da tramitação das indicações a respeito da formação do magistério, aprovadas pelo CFE, o impasse já havia sido criado e o clima de inquietação havia se instalado junto à comunidade universitária" (Silva, 2003, p. 62).

No final da década de 1970, organizou-se um movimento dos educadores que trouxe a esperança de se alcançarem, por meio de uma ação coletiva, melhores resultados para o meio educacional pela discussão e pela participação dos profissionais direta e concretamente envolvidos no processo de articulação em defesa de princípios norteadores dos rumos do curso de Pedagogia e da problemática da formação docente.

Nesse sentido, Saviani (2012) trata da ação dos educadores em torno das questões relacionadas à formação dos profissionais da educação, no fim da década de 1970, o que resultou na I Conferência Brasileira de Educação, ocorrida em São Paulo, no final de março e início de abril de 1980. Segundo Libâneo (2010), no contexto da década de 1980, houve um esvaziamento da teoria pedagógica, o que deu vez a uma teoria sociopolítica em que os intelectuais, os filósofos e os sociólogos contribuíram com a formulação de proposições para a formação de educadores.

> *O movimento pela revalorização da educação pública, surgido por volta dos anos [19]80, busca saídas para a crise da escola brasileira, também a partir de um posicionamento crítico em relação ao capitalismo. [...] Posiciona-se pelo entendimento da escola como lugar em que se reproduzem as contradições sociais, portanto, um lugar de luta hegemônica de classes, de resistência, de conquista da cultura e da ciência como instrumentos de luta contra as desigualdades sociais impostas pela organização capitalista da sociedade. (Libâneo, 2010, p. 49)*

A partir daí, deu-se a criação do Comitê Pró-Participação na Reformulação dos Cursos de Pedagogia e Licenciatura, o qual, em 1983, passou a se chamar Comissão Nacional pela Reformulação dos Cursos de Formação de Educadores – Conarcfe (Saviani, 2012) e, finalmente, em 1990, constituiu-se como Associação Nacional pela Formação dos Profissionais da Educação – Anfope[4], cuja atividade permanece até os dias atuais como entidade científica, civil, sem fins lucrativos e sem caráter religioso e político-partidário.

Para Saviani (2012, p. 51):

> *A mobilização dos educadores foi importante para manter vivo o debate; articular e socializar as experiências que se realizaram em diferentes instituições; manter a vigilância sobre as medidas de política educacional; explicitar as aspirações, reivindicações e perplexidades que os assaltavam; e buscar algum grau de consenso sobre certos pontos que pudessem sinalizar na direção da solução do problema.*

Nessa perspectiva, a ação dos educadores materializou-se com base nas concepções sobre a necessidade de se chegar a respostas para os problemas em torno do curso de Pedagogia, pelo esforço coletivo consolidado, tendo como resultado, em 1990, a criação da Anfope, como citado anteriormente.

No art. 4º do Estatuto de 2009 da Anfope, estão descritas as principais finalidades desta instituição:

> *I. Congregar pessoas, instituições e entidades interessadas em educação e nas questões da formação e da valorização do profissional da educação, integrantes do Sistema Nacional de Formação dos Profissionais da Educação nos termos do parágrafo único do art. 1 para uma reflexão crítica de suas práticas.*

---

4 "Criada em 26 de julho de 1990, em Assembleia Nacional do 5º Encontro Nacional da Comissão Nacional de Reformulação dos Cursos de Formação do Educador (Conarcfe), realizado em Belo Horizonte (MG), entre 24 e 27 de julho, tem como finalidade fazer avançar o conhecimento no campo da formação e da valorização dos profissionais da educação, por meio da mobilização de pessoas, de entidades e de instituições dedicadas a esta finalidade."

II. Defender as reivindicações de pessoas, instituições e entidades que comunguem princípios da Anfope no tocante à formação e à valorização dos profissionais da educação, em articulação com as demais entidades da área educacional, para o desenvolvimento de ações comuns.

III. Desenvolver estudos e pesquisas na área da educação, em particular, no campo da formação e da valorização dos profissionais da educação.

IV. Incentivar e fortalecer a estrutura organizativa das Comissões Estaduais de modo a congregar a educação superior e a educação básica a fim de examinar criticamente as questões mencionadas nos incisos II e III.

V. Propor e defender a educação como bem público e uma política educacional que atenda às necessidades populares, na luta pela democracia e pelos interesses da sociedade brasileira.

VI. Promover estudos e pesquisas, produzir conhecimento, socializar experiências, acompanhar e mobilizar as pessoas e instituições formadoras dos profissionais da educação, nos termos dos princípios defendidos historicamente e expressos nos documentos finais dos Encontros Nacionais.
(Anfope, 2009)

Os debates propostos pela Anfope proporcionaram novos olhares sobre a formação dos profissionais da educação. Seus encontros bienais configuram-se pela luta e pela defesa de princípios, por meio da ação coletiva de educadores, pesquisadores e interessados no avanço da educação no país. Assim, podemos perceber que,

Nos encontros desta entidade, como também nas Conferências Brasileiras de Educação (CBE), voltam-se ao debate como: especificidade do curso de Pedagogia e das Licenciaturas, formação de especialistas não docentes, formação dos professores das séries iniciais do 1º grau em nível superior, a base comum nacional de formação de professores e outros. (Libâneo, 2010, p. 49-50)

Vale ressaltarmos os princípios que orientam a concepção da Anfope et al. (citada por Anfope, 2012) sobre a formação do educador:

> a) a docência é a base de identidade da formação de todo profissional da educação;
>
> b) esse profissional deve ter uma sólida formação teórica;
>
> c) sua profissionalização e desenvolvimento profissional são concebidos de modo a articular formação inicial e formação continuada com base no conhecimento e não em competências e habilidades;
>
> d) sua formação e o exercício profissional devem ser orientados por:
>
> articulação entre teoria e prática;
>
> trabalho coletivo e interdisciplinar; gestão democrática;
>
> desenvolvimento da pesquisa;
>
> compreensão do ato pedagógico que se realiza tanto na instituição escolar de Educação Básica quanto nos espaços extraescolares.

As inquietações presentes na esfera dos assuntos relacionados ao curso de Pedagogia demandavam persistência diligente na busca de soluções. Dez anos depois da aprovação na nova LDBEN por meio da Lei n. 9.394 de 20 de dezembro de 1996, foram instituídas, por meio do Parecer CNE/CP n. 5 de 13 de dezembro de 2005 (Brasil, 2006b), as Diretrizes Nacionais (DCN) para o curso de Graduação em Pedagogia (licenciatura).

> Art. 1º A presente Resolução institui Diretrizes Curriculares Nacionais para o Curso de Graduação em Pedagogia, Licenciatura, definindo princípios, condições de ensino e de aprendizagem, procedimentos a serem observados em seu planejamento e avaliação, pelos órgãos dos sistemas de ensino e pelas instituições de educação superior do país, nos termos explicitados no Parecer CNE/CP n. ..../2005). (Brasil, 2006b, p. 19)

A formação inicial prevista pelas DCN para o curso de graduação em Pedagogia, segundo o art. 2º da Resolução emitida pelo Parecer CNE/CP n. 5/2005, é a docência na educação infantil e nos anos iniciais do ensino fundamental, no ensino médio (modalidade Normal), na educação profissional (serviços e apoio escolar) e nas áreas em que os conhecimentos pedagógicos sejam necessários. Eis aí, nas palavras de Saviani (2012, p. 57), o destino e o objetivo do curso de Pedagogia, que ele problematiza questionando: "E como as instituições devem proceder para organizar o curso tendo em vista esse objetivo? Quais as diretrizes a serem seguidas? Qual a orientação que o CNE estabelece como substrato comum em âmbito nacional a dar um mínimo de unidade ao referido curso?".

No art. 6º da Resolução CNE/CP n. 1, de 15 de maio de 2006 (Brasil, 2006c), são previstos três núcleos de organização da estrutura do curso:

> *Art. 6º A estrutura do curso de Pedagogia, respeitadas a diversidade nacional e a autonomia pedagógica das instituições, constituir-se-á de:*
>
> I. *um núcleo de estudos básicos que, sem perder de vista a diversidade e a multiculturalidade da sociedade brasileira, por meio do estudo acurado da literatura pertinente e de realidades educacionais, assim como por meio de reflexão e ações críticas, articulará: [...];*
>
> II. *um* **núcleo de aprofundamento e diversificação de estudos** *voltados às áreas de atuação profissional priorizadas pelo projeto pedagógico das instituições [...];*
>
> III. *um* **núcleo de estudos integradores** *que proporcionará enriquecimento curricular [...].* (Brasil, 2006c, p. 3-4, grifos do original)

Essa proposição apresenta um bloco de ações constituídas como tarefas, as quais são mais enfatizadas, segundo Saviani (2012, p. 58), "do que a especificação dos componentes curriculares que integrariam os referidos núcleos". Em seguida, ainda no primeiro núcleo, as DCN (Brasil, 2006b, p. 11) propõem: "estudo da Didática, das teorias e metodologias pedagógicas, de processos de organização do trabalho docente [...]". Para Saviani (2012), esses textos refletem os paradigmas vigentes na cultura contemporânea e, particularmente, na educação. Ele observa a existência de um paradoxo em relação às DCN:

> *As Novas Diretrizes Curriculares Nacionais do Curso de Pedagogia são, ao mesmo tempo, extremamente restritas e demasiadamente extensivas: muito*

restritas no essencial e assaz excessivas no acessório. São restritas ao que se refere ao essencial, isto é, àquilo que configura a pedagogia como um campo teórico-prático dotado de um acúmulo de conhecimentos e experiências resultantes de séculos de história. Mas são extensivas no acessório, isto é, dilatam-se em múltiplas e reiterativas referências à linguagem hoje em evidência, impregnada de expressões como conhecimento ambiental-ecológico; pluralidade de visões de mundo; interdisciplinaridade; contextualização; democratização; ética e sensibilidade afetiva e estética; exclusões sociais, étnico-raciais, econômicas, culturais, religiosas, políticas; diversidade; diferenças; gêneros; faixas geracionais; escolhas sexuais, como se evidencia nos termos da Resolução. (Saviani, 2012, p. 58)

O posicionamento do autor indica que as DCN, por sua proposição, dificultam às instituições de ensino a organização do curso com base nas diretrizes a serem seguidas. Sobre essa questão, Saviani (2012, p. 58-59) afirma: "não é fácil identificar na Resolução do CNE uma orientação que assegure um substrato comum em âmbito nacional a dar um mínimo de unidade ao referido curso". Infere-se, assim, que o curso pode não oferecer os subsídios essenciais à formação do educador.

Nesse sentido, vale afirmarmos que as reformulações do curso de Pedagogia, ao longo de sua história, imprimem, na realidade, as representações contextuais próprias de cada momento histórico em que ocorreram. As influências político-ideológicas, a partir do contexto político e econômico de cada época, são fenômenos da vida cotidiana que interferem de modo geral nas decisões acerca das mudanças, da revisão e da reformulação de diferentes setores sociais.

Portanto, consideramos fundamental que os sujeitos tenham condições de interpretar tais elementos e sua procedência a fim de que possam agir na esfera do cotidiano, inevitavelmente, e também na esfera do não cotidiano. Nesta última, a leitura da realidade se dá acima daquilo que está imediatamente visível. Precisamos perceber e interpretar a realidade à luz do não percebível, para modificarmos essa realidade e sermos modificados por ela.

> *A vida cotidiana é também vista como um espaço onde o acaso, o inesperado, o prazer profundo de repente descoberto num dia qualquer, eleva os homens dessa cotidianidade, retornando a ela de forma modificada. É um palco possível de insurreição, já que nele atravessam informações, buscas, trocas, que fermentam sua transformação.* (Netto; Carvalho, 2012, p. 14)

Assim, podemos entender que todo processo de mudança e transformação de uma realidade implica rompimento, interação, oposição, posicionamento crítico e consciente e democracia, sempre priorizando o interesse coletivo por meio da participação. Agir cotidianamente buscando respostas acima da cotidianidade imposta pode ser o início de uma nova caminhada na interpretação da realidade. Tal iniciativa pressupõe mudança necessária a partir da reflexão, do conhecimento e da ação. Antes, porém, é importante ressaltarmos que o pedagogo, por sua condição de educador, precisa ter curiosidade acerca da realidade além do imediatamente aparente, além da transmissão dos conteúdos, da aplicação das metodologias, dos procedimentos didáticos e das concepções em torno da formação para o trabalho. Isso deve ocorrer não por meio de ações prescritas, mas pela compreensão de que as ações a serem desenvolvidas devem ser organizadas com base nas concepções acerca dos sujeitos e na realidade em questão, acima do cotidiano, numa perspectiva que valorize os aspectos ontológicos e epistemológicos da formação e do desenvolvimento humano e sua relação com a ciência. Trataremos desses aspectos na próxima seção, considerando a esfera ontológica de desenvolvimento do homem relacionada à formação da consciência, como também as questões epistemológicas, ocupando posição de destaque nessa discussão.

2.2
Interfaces da profissionalização e o caráter ontológico e epistemológico da formação do pedagogo

Com relação às interfaces da profissionalização do pedagogo e o caráter ontológico da sua formação, buscamos compreender o ponto de interação entre a função educativa e a base epistemológica que a sustenta. Em outras palavras: por um lado, propomo-nos a analisar a formação profissional, a instrumentalização teórica e pedagógica para o exercício profissional e para a execução da prática; por outro lado, pretendemos discorrer sobre o conhecimento proporcionado pela formação e utilização desse conhecimento como lente na interpretação do fenômeno *educação* por sua abrangência, pressupondo a ação educativa do pedagogo a partir de uma reflexão epistemológica e do processo ontológico de objetivação e de apropriação na sua formação profissional. Nessa direção, é importante entender que "Essa característica ontológica ineliminável da prática social humana, a de ter como dinâmica fundamental a dialética entre a objetivação e a apropriação, constitui, ao nosso ver, o necessário ponto de partida para a reflexão epistemológica numa perspectiva histórico-social" (Duarte, 1998, p. 109).

A busca por tal compreensão requer, desde 1939, uma abordagem da formação do pedagogo no Brasil com ênfase na análise do exercício profissional e educativo do profissional pelo viés de uma formação crítica, tendo como objetivo a superação de concepções ingênuas e alienadas.

Pelos determinantes legais em torno do curso de Pedagogia, no percurso analisado – de 1939 à aprovação das DCN, em 2006 –, inferimos que as discussões sobre a profissionalização do pedagogo, voltada para a ação educativa e pedagógica, bem como as questões em torno da identidade do curso, ainda estão no centro das discussões entre educadores e pesquisadores da área educacional. Busca-se compreender em que medida o curso, historicamente, manteve uma relação epistemológica com a formação do pedagogo e permanece o questionamento em torno da função a ser objetivamente exercida pelo profissional. Essa situação que se estendeu pelas décadas seguintes à da fundação do curso. Por isso,

> Os anos de 1940 e 1950 não deram conta de reverter essa situação tanto que [sic], no início dos anos 1960, questionava-se, de maneira explícita, a existência do curso de Pedagogia no Brasil. Na época, a celeuma existente não era posta nos termos em que atualmente se reconhece como "questão de identidade", porém se revelava nas controvérsias quanto à manutenção ou extinção do curso. O que se discutia, nesse período, era se o curso de Pedagogia possuía ou não conteúdo próprio. (Silva, 2003, p. 50-51)

Como ressalta Silva (2003), o centro da preocupação não era a pedagogia como campo de conhecimento, mas sim a alocação do técnico no mercado de trabalho. Não havia preocupação com a formação epistemológica do educador.

A formação do pedagogo demanda a busca pelo conhecimento acerca das questões educativas e formativas do homem; não se refere somente a questões pedagógicas. Para isso, pressuõem-se espaço de movimento, autonomia, e, necessariamente, que a concepção sobre a educação e sobre o papel do educador tenha origem na consciência crítica e na noção das representações da realidade.

> A concepção crítica da educação procede segundo as categorias que definem o modo crítico de pensar. Particularmente há que mencionar as de: objetividade (caráter social do processo pedagógico), concretidade (caráter vital da educação como transformação do ser do homem), historicidade (a educação como processo) e totalidade (a educação como ato social que implica o ambiente íntegro da existência humana, o país, o mundo e todos os fatores culturais e materiais que influem sobre ele). (Pinto, 1994, p. 62-63)

Pressupomos que, entre as interfaces da profissionalização do pedagogo, esteja a intercomunicação entre teoria e prática pela práxis[5], cujas bases são construídas pela apropriação do conhecimento e pela objetivação sobre a realidade, que sustentam a ação educativa e pedagógica. Destacamos que, entre as interfaces da ação profissional, pode acontecer a aplicação de uma prática alienada, inconsciente, a serviço de imposições legais e burocráticas do sistema, pensadas com base em interesses estranhos aos princípios educativos e suas relações, como fenômeno social no contexto mais amplo da realidade.

De acordo com Semeraro (2006, p. 19), "é necessário aprender a criar uma capacidade crítica frente ao saber acumulado e repassado oficialmente, que deve ser visto não como óbvio e natural, mas como sendo interpretado e administrado por grupos sociais que visam [sic] precisos objetivos políticos".

Projetar a sociedade com base nos ideais políticos de uma época significa elencar objetivos e determinar ações para alcançá-los, bem como definir quem serão seus executores. Sem dúvida, a educação tem papel fundamental nesse processo; por consequência, o pedagogo, como mediador no processo educativo, será um ator relevante.

Em tese, o acesso aos conhecimentos teóricos que sustentarão a prática deve instrumentalizar o futuro educador durante sua formação. Nessa lógica, pelo conhecimento adquirido ao longo do curso e de acordo com a política educacional vigente no período da formação, o pedagogo estará preparado para exercer sua função em qualquer âmbito educacional.

Os encaminhamentos dados ao curso de Pedagogia, ao longo de sua história, estão diretamente relacionados às expectativas em torno

---

5 "A expressão *práxis* refere-se, em geral, à ação, à atividade e, no sentido que lhe atribui Marx, à atividade livre, universal, criativa e autocriativa, por meio da qual o homem cria (faz, produz) e transforma (conforma) seu mundo humano e histórico, bem como a si mesmo; atividade específica ao homem, que o torna basicamente diferente de todos os outros seres" (Bottomore, 1988, p. 292).

do profissional que se pretende formar, bem como sobre os espaços e as formas de sua atuação. Tais expectativas são ancoradas nas políticas e nos ideais educacionais dos momentos históricos distintos, cujas determinações ou imposições interferem na estrutura dos diversos setores sociais.

Dessa forma, considerando-se as determinações iniciais quando da implantação do curso de Pedagogia no Brasil, em 1939, percebemos que a trajetória de formação do pedagogo, as indefinições, a busca pela identidade do curso, a formação técnica e de especialistas, os avanços e os retrocessos no processo foram elementos determinantes na descaracterização da pedagogia como ciência. Assim, podemos afirmar que o curso foi convertido a um "preparatório para dar aulas"ou "como ensinar" de forma sistematizada, reduzindo-se à técnica de ensino e às questões metodológicas, como bem sintetizado por Libâneo (2010, p. 29, grifo do original) na citação a seguir: "Há uma ideia de senso comum, inclusive de muitos pedagogos, de que Pedagogia é o modo como se ensina, o modo de ensinar a matéria, o uso de técnicas de ensino. O PEDAGÓGICO aí diz respeito ao metodológico, aos procedimentos. Trata-se de uma ideia simplista e reducionista".

Por outro lado, com a Lei n. 5.540/1968, surgiu a especialização pelas habilitações específicas, prevendo a atuação do pedagogo em áreas distintas, como a supervisão escolar, a orientação educacional e a administração escolar. Saviani (2012, p. 44-45), comentando sobre essa tendência tecnicista da educação, sugere o seguinte:

> *Ao que parece o problema do encaminhamento que se deu à questão do curso de pedagogia reside numa concepção que subordina a educação à lógica de mercado. Assim, a formação ministrada nas escolas deveria servir à produtividade social, ajustando-se, o mais completamente possível, às demandas do mercado de trabalho que, por sua vez, são determinadas pelas leis que regem uma sociedade de mercado como esta em que vivemos. Nessas circunstâncias, a questão educativa é reduzida dominantemente à sua dimensão técnica, afastando-se do seu caráter de arte e secundarizando, também, as exigências de embasamento científico.*

A ausência de criticidade, nesse caso, leva o sujeito a pensar e agir tecnicamente, ou seja, leva à não percepção da realidade como ela é, além da aparência. Como consequência desse pensar meramente técnico, a ação será também somente técnica, restrita às suas determinações, alienada e inconsciente, exterior ao sujeito. Nessa interface da atuação profissional do pedagogo, a intercomunicação entre o fazer técnico e o produto de tal ação configura-se como reflexo de uma concepção ingênua sobre educação. Podemos compreender melhor essa situação por meio do pensamento de Pinto (1994) sobre a concepção ingênua. Segundo o autor,

> *A concepção ingênua é aquela que procede de uma consciência ingênua. [...] Consciência ingênua é aquela que – por motivos que cabe à análise filosófica examinar – não inclui em sua representação da realidade exterior e de si mesma a compreensão das condições e determinantes que a fazem pensar tal como pensa. Não inclui a referência ao mundo objetivo como seu determinante fundamental.*
> (Pinto, 1994, p. 59)

A superação da consciência ingênua demanda conhecimento sobre as objetivações humanas e sobre a realidade e seus elementos estruturais, como resultado das projeções humanas ao longo de sua historicidade, tendo em vista que os fenômenos sociais da vida cotidiana não se dão num vácuo, num vazio, partindo do nada. As relações se dão por meio de um processo dialético no qual o ser humano, na medida em que conhece e age sobre a realidade, está apto a transformá-la. Nessa direção, o processo educativo é vivo, dinâmico, e, portanto, para que assim se mantenha, não pode admitir ações paralisadoras, principalmente por parte dos seus atores principais: os educadores.

A primazia da ação educativa pode ser um elemento fundamental na concretização da ação do pedagogo como educador. O estabelecimento da pedagogia como ciência ou não, as questões burocráticas e a regulamentação envolvidas no processo de consolidação do curso pressupõem que a discussão prioriza questões secundárias em detrimento das questões essenciais relativas ao campo de conhecimento e do papel do pedagogo perante a prática educativa, efetivamente. É importante reconhecermos que, na realidade em movimento, as contradições são inerentes aos fenômenos, ocasionadas pelos confrontos, desencontros e oposições, como elementos históricos concretos que ocupam lugar decisivo na configuração da vida social.

É preciso, no entanto, olharmos atentamente para os objetivos e fins propostos na área de conhecimento da educação, identificando quem está determinando seus fins e objetivos. Segundo Pinto (1994, p. 33), "O que determina os fins da educação são os interesses do grupo que detêm [sic] o comando social". Isso justifica a educação e a formação dos sujeitos voltada para atender às necessidades impostas pelos interesses de quem está no controle. Assim, o que podemos inferir diante do quadro profissional proposto para o pedagogo quando da configuração é que esta seja prática e utilitária, demandada pelo mercado de trabalho e pelas novas realidades sociais. Nessa perspectiva, a aplicação do conhecimento científico na atuação do profissional da educação fica em segundo plano ou, talvez, em plano nenhum.

A necessidade de formação para o trabalho acarreta barreiras ao desenvolvimento do caráter epistemológico da ação educativa a ser desenvolvida pelo pedagogo. Há uma dificuldade histórica em relacionar a pedagogia à ciência decorrente do caráter prático da primeira. Em outras palavras, questiona-se: se a formação em pedagogia está diretamente articulada com a prática, como esse campo pode ser teorizado cientificamente? Talvez a complexidade dessa relação se deva a um conceito reproduzido ao longo do processo de formação do pedagogo: o de que ele deveria se formar para aplicar conhecimentos pedagógicos, técnicos. Essa dinâmica pressupõe um aprendizado sobre "como fazer o que deve ser feito", "como ensinar o que deve ser ensinado". E, para isso, a reflexão necessária não demanda pensar sobre "o que fazer" e "para que fazer" ou "por que fazer ou ensinar isso ou aquilo". Portanto, infere-se que o caráter ontológico e epistemológico da ação educativa do pedagogo é dispensável, uma vez que o conhecimento necessário para essa atividade é predeterminado pelos encaminhamentos de execução, como se os processos de desenvolvimento da ação consciente (pelo caráter ontológico) e também da ação de cunho científico (de caráter epistemológico) pudessem ser ignorados.

Isso não significa afirmar que o conhecimento teórico tenha sido excluído das matrizes curriculares dos cursos de Pedagogia oferecidos pelas diversas instituições de ensino, mas sim que a base teórica científica que alimenta a formação do pedagogo tem sido utilizada de maneira superficial.

Os estudantes, ao ingressarem no curso de Pedagogia, trazem de forma preconcebida a ideia de que aprenderão as técnicas de "como dar aula", bem como a aplicação de metodologias que atendam às necessidades atuais da comunidade escolar, tendo em vista sua configuração social. Esse posicionamento dos futuros pedagogos assenta-se nos princípios da racionalidade técnica, em que a relação com o mundo do conhecimento sobre as práticas sociais e produtivas não se efetiva solidamente, em razão da ausência de domínio intelectual sobre tais representações. Esse problema expressa, conforme Franco (2008), uma formação concretizada pela instrução, limitando a pedagogia a uma função mínima, diretiva, não dialética e muito pouco transformadora. A mesma autora nos diz: "à medida que a proposta de instrucionalização da prática se expandiu, a preocupação com a educação como processo social, como projeto intencional, de transformação social, como objeto de estudo, foi sendo gradativamente deixada para segundo plano, pelos próprios pedagogos" (Franco, 2008, p. 35).

A instrumentalização da prática, nos dias atuais, ainda está muito presente na formação do pedagogo. A ideia aqui não é negar a importância dos processos metodológicos e pedagógicos, e sim refletir sobre o conhecimento que sustenta a prática do pedagogo, para que esta não se limite à operacionalização vazia teórica e cientificamente. Precisamos considerar que, se assim é e continuar sendo, o pedagogo, ao ingressar na atividade profissional, não terá condições de contribuir no processo educativo de forma continuada e prática, pela mediação entre esta última e a teoria. Cabe aqui lembrarmos que,

> *De qualquer modo, é possível notar que o tratamento dado à Pedagogia, desde o Decreto-Lei n. 1.190 de 1939 até as Indicações de Valnir Chagas em 1975, tendeu a reduzi-la a "uma ciência profissional pragmática do professor, mera transmissora de conhecimentos para o domínio das aptidões técnicas e artesanais da orientação do ensino".* (Saviani, 2012, p. 63)

O caráter pragmático da pedagogia, cuja origem encontra-se também em Dewey (citado por Franco, 2008), reflete, ainda hoje, no planejamento e na organização da escola, os mesmos padrões de configuração física e funcionamento. Portanto, pressupõe-se que, se a escola é a mesma, ainda que em contextos sociais modificados historicamente, em linhas gerais, a prática pedagógica educativa também deva ser a mesma. Franco (2008, p. 44) explica que:

> *Uma grave decorrência da Pedagogia pragmatista de Dewey será a submissão do pensamento à ação, cabendo à inteligência o papel de transformador da realidade no sentido utilitarista e colocando a reflexão apenas a partir de problemas dados e posteriores à ação. Isso pode produzir (e já produziu) um sofisticado processo de alienação com ares de conscientização, um sofisticado processo de submissão com formas de eficiência e uma limitação a processos criativos e discrepantes do consenso.*

É importante a contribuição da autora para a reflexão sobre a relação entre a epistemologia na formação do pedagogo e a atuação profissional alienada e mascarada pela competência e pela conscientização. A fragilidade do conhecimento do educador impede que este veja a realidade como ela é. Em função disso, ele assume uma postura sugerida pelo contexto, pelos ideais de formação humana, pelos ideais de contribuição para um mundo melhor.

Assim, o educador planeja sua ação firmada nos pilares da escola, de acordo com o conjunto de referências que a sustentam, pois não se identifica ontologicamente como sujeito da práxis e produtor de sua realidade social. Na práxis, há unicidade entre os fenômenos, o que significa que não há estranhamento entre o sujeito e a prática. Pela práxis, homem e mundo transformam-se simultaneamente, o que nos leva a concluir que a prática em si é elemento da cotidianidade de uma realidade dada, projetada pelos parâmetros de um contexto ideológico que determina o comportamento social nos diversos segmentos da vida cotidiana. Tal realidade é aceita ingenuamente pelos sujeitos. Kosik (2002, p. 82) nos fala sobre isso, afirmando que "A consciência ingênua considera a cotidianidade como a atmosfera natural ou como a realidade íntima e familiar [...]".

A prática acaba reduzindo-se a si mesma, pelas atividades do cotidiano, suprimindo a atuação política, a pesquisa e a discussão teórica como elementos que mantêm permanentemente um nível de interpretação e compreensão mais além do cotidiano e do presumível – principalmente na educação básica, como campo de atuação da maioria dos pedagogos. Entre educadores das diversas áreas existe um consenso sobre a importância das atividades práticas em detrimento das teóricas. Também em relação ao pedagogo há um consenso ingênuo de que esse profissional deve saber tudo que se relaciona ao "saber fazer" pedagógico. É a evidência de um senso comum pragmático, da utopia da prática prevalecendo na área, que, por essência, deveria ser do conhecimento. Moraes (2001, p. 3) confirma essa questão ao afirmar que "em tal utopia praticista, basta o 'saber fazer' e a teoria é considerada perda de tempo ou especulação metafísica [...]". A objeção ao conhecimento teórico é uma prática comum na expressão de muitos professores, inclusive pedagogos. Tal postura denuncia resquícios de políticas educacionais, propostas desde as fases iniciais do processo de formação, cuja relação estreita com a "prática reflexiva" alimenta a busca pela eficiência a partir da competência.

Temos a seguir uma contribuição que propõe uma visão a respeito da prática reflexiva:

Conceito norteador das atuais discussões sobre o perfil de "competências". Na prática reflexiva, a "reflexão" prende-se ao empírico, nele encontrando suas possibilidades e limites. Na educação brasileira, os efeitos mais visíveis dessa concepção faz-se perceber nas novas propostas oficiais para a formação de docentes, nas quais a reflexão sobre a produção de conhecimentos foi eliminada de sua preparação básica. (Burgos, citado por Moraes, 2001, p. 3)

O que temos, nesse caso, é a lógica da competência junto à prática, em detrimento da produção do conhecimento com liberdade intelectual. Ao sujeitar-se às delimitações da prática reflexiva, a atuação profissional do educador restringe-se às demandas imediatas do cotidiano, de acordo com sua configuração organizada globalmente.

A formação escolar traz, em primeira mão, implicitamente, a ideia de uma formação científica. A escola é vista como o espaço organizado culturalmente para a aquisição do conhecimento historicamente produzido e para a disseminação da ciência. Esse fenômeno traz como pressuposto fundamental a necessidade de que os educadores tenham domínio teórico-metodológico da área em que atuam para darem continuidade à produção e construção do conhecimento sistematizado transformado em ciência. No cotidiano escolar, entretanto, as relações que se dão transcendem as atividades laboratoriais voltadas para o conhecimento científico. As relações humanas, no contexto escolar, são atravessadas pelos conflitos, pelas ingerências externas particulares, pelos regulamentos, pela burocratização do processo e suas implicações, pelo formato social atribuído à instituição escolar, bem como pelas contradições inerentes ao contexto. Duarte e Saviani (2012, p. 79) apontam que "os educandos, enquanto indivíduos concretos, manifestam-se como unidade da diversidade, 'uma rica totalidade de determinações e de relações numerosas', síntese de relações sociais".

Netto e Carvalho (2012, p. 23) também comentam sobre essa ideia de totalidade: "Raras são as pessoas que o rompem ou o suspendem, concentrando todas as suas forças em atividades que as elevem deste mesmo cotidiano e lhes permitam a sensação e a consciência do ser homem total, em plena relação com o humano e a humanidade de seu tempo".

O educador terá como subsídio para suas decisões, na cotidianidade e na não cotidianidade, o conhecimento sobre esse desenvolvimento. A intuição, como ação cotidiana e baseada no conhecimento tácito, poderá ocupar um espaço significativo em relação à ciência, como ação não cotidiana, tornando o educador refém de seu pouco conhecimento, posicionando-se de forma indiferente e omissa. Assim, entende-se que contribuir para a promoção e o crescimento dos sujeitos na cotidianidade escolar implica ação não cotidiana. Cabe ao educador não se subordinar aos imperativos da cotidianidade escolar e aos seus ditames e conceber a escola como uma instituição a serviço da promoção de todos os sujeitos que por ela passam. O pedagogo, na esfera educacional, por sua formação, tem acesso ao conhecimento teórico abrangente sobre a formação humana. Esse pressuposto funda-se na pedagogia, área de estudo sobre educação em amplo aspecto, conforme explica

> [a] *Resolução CNE/CP n. 1 de 15 de maio de 2006, que estabeleceu as Diretrizes Curriculares Nacionais do Curso de Pedagogia. Conforme o art. 2º, o Curso de licenciatura em Pedagogia destina-se à formação inicial para o exercício da docência na educação infantil e nos anos iniciais do ensino fundamental, nos cursos de ensino médio, na modalidade normal, e em cursos de educação profissional na área de serviços e apoio escolar, bem como em outras áreas nas quais sejam previstos conhecimentos pedagógicos.* (Libâneo; Oliveira; Toschi, 2012, p. 276)

Sobre a formação do pedagogo, o mesmo documento mostra que:

> *A formação de profissionais para a educação básica, nas áreas de administração, planejamento, inspeção, supervisão e orientação educacional – os chamados especialistas –, deve realizar-se em cursos de graduação plena em Pedagogia ou em nível de pós-graduação, sendo garantida, nessa formação, a base nacional comum.* (Libâneo; Oliveira; Toschi, 2012, p. 277)

Entendemos, assim, que, se a suposta competência não se consolida com base em concepções teóricas aprofundadas e na leitura crítica da realidade, o pedagogo, ao inserir-se no contexto educativo, estará muito mais sujeito às prescrições deterministas do cotidiano. Assim, agirá espontânea e intuitivamente, com base em falsas e infundadas postulações do senso comum, numa explícita demonstração de falta de clareza sobre sua função, o que poderá levá-lo à mera execução de multitarefas alheias à sua formação. Saviani (2009, p. 61) alerta que,

> *[...] quanto mais adequado for o nosso conhecimento da realidade, tanto mais adequados serão os meios de que dispomos para agir sobre ela... E, para o conhecimento da situação, nós contamos hoje com um instrumento valioso: a ciência. O educador não pode dispensar-se desse instrumento, sob o risco de se tornar impotente diante da situação com que se defronta... [sic]*

A escola tem o compromisso com conhecimento científico por meio ação educativa intencional. Por isso, essa prática exige dos educadores, dos professores e dos pedagogos mais do que estratégias pedagógicas que comprovem sua eficiência na reprodução do conhecimento pelos conteúdos programáticos. O perfil epistemológico do educador[6] figura como elemento fundamental nas interfaces de seu exercício profissional, tendo em vista que tal elemento é um importante instrumento tanto nas decisões e escolhas pertinentes ao processo da educação sistematizada quanto na interpretação e compreensão da realidade dada. Assim, o educador terá condições de intervir nela valendo-se dos meios disponíveis, porque, como afirma Saviani (2009, p. 63), "Defrontamo-nos, pois, com o problema de usar meios velhos em função de objetivos novos". Lançar mão de objetivos novos sem ter alcance das mudanças estruturais e de novos meios de ação constitui-se como um desafio a ser enfrentado diuturnamente pelos educadores, que exige deles posicionamento maduro, com fundamentação científica estável, que possibilite reflexão

---

6 Referimos-nos ao exercício contínuo de busca pela renovação do conhecimento no desenvolvimento de sua profissionalização.

filosófica aprofundada, o que Saviani (2009, p. 63) chama de "condição indispensável para se desenvolver uma ação pedagógica coerente e eficaz".

A fundamentação científica e a reflexão filosófica são elementos presentes na formação dos educadores. O que inferimos, contudo, é que nem um nem outro seja abordado e explorado de forma suficiente durante a formação acadêmica. Na impossibilidade de aprofundamento, talvez fosse necessário, pelo menos, despertar na consciência dos futuros profissionais da educação a necessidade de continuidade dessa formação, dada a complexidade e dialeticidade.

É preciso e importante considerarmos que esse aprofundamento demanda não só um despertar ou interesse sobre o assunto, mas também investimento de tempo para estudá-lo. Via de regra, o professor pedagogo é oriundo de uma educação básica, porém muitas vezes "básica demais". Significa que, ao ingressar no curso de Pedagogia, o futuro pedagogo precisa de uma tomada de consciência intelectual, o que, muitas vezes, implica, inclusive, "reaprender a ler".

Certamente, o teor da formação acadêmica refletirá no exercício da prática profissional. Se a formação do pedagogo foi substantivada pela ciência, bem fundamentada teoricamente e, principalmente, propôs um posicionamento crítico sobre ela mesma, esses elementos serão utilizados posteriormente, mesmo em condições materiais desfavoráveis. Da mesma forma, se a formação foi superficial, fragilizada científica e teoricamente, o profissional da educação, ao ingressar no ambiente escolar, poderá escolher entre inserir-se no modelo já existente, adequando-se a ele e reduzindo sua ação a uma prática comprometida apenas com o "saber fazer" para dar continuidade ao que já está sendo feito, sem participação concreta no planejamento da prática educativa, ou, a partir de uma postura crítica, buscar formação continuada, visando à superação da sua formação deficiente. Também é importante reconhecermos que, mesmo tendo uma boa formação profissional, o pedagogo, conscientemente, poderá optar pelos modelos vigentes de ação, adequando-se a eles por comodismo ou por omissão, entre outros motivos que talvez lhes sejam convenientes.

Assim, a discussão em torno do conhecimento que sustenta a ação educativa do pedagogo é fundamental para a superação da prática alienada, caracterizada por um "fazer de conta que faz", atribuindo ao educador apenas o mérito da utilidade. Nesse caso, suas atividades se reduzem a certo movimento dentro de um sistema de códigos, num determinado tempo e local; em suma, ele se torna um "fazedor de muitos fazeres", exceto os fazeres próprios e necessários para uma atuação baseada no conhecimento científico, o qual pressupõe um questionamento do senso comum da atividade cotidiana.

As ações pedagógicas que têm o senso comum como pano de fundo permitem inferir que:

> *Essas ações são direcionadas por um conjunto de representações ou categorias do senso comum e proporcionam uma mobilidade utilitarista dos aspectos fenomênicos da realidade. Ou seja, práxis utilitária e senso comum orientariam as ações repetitivas, automatizadas, irrefletidas e "naturais" da vida corriqueira. Longe estariam da noção de compreensão da realidade e de superação do cotidiano.* (Guimarães, 2002, p. 30)

A complexidade em torno da compreensão e da definição da pedagogia, motivada em grande parte pelo desconforto decorrente da oposição entre a práxis utilitária e a ciência, pode ser a maior responsável pelo debate que se forma acerca do papel e da atuação profissional do pedagogo. Paralelamente a isso, precisamos considerar, também, a multiplicação desordenada de oferta do curso, cuja causa está nas políticas neoliberais da década de 1990, em que "A formação em serviço da imensa maioria dos professores passa a ser vista como lucrativo negócio nas mãos do setor privado e não como política pública de responsabilidade do Estado e dos poderes públicos" (Freitas, 2002, p. 13).

Nesses moldes, a formação se constitui como um fator de desestabilização das bases que fundamentam a pedagogia como área de conhecimento científico, comprometendo sua qualidade, tendo em vista que "toda vez que as alterações quantitativas atingem níveis expressivos, também neste caso o aspecto qualitativo foi grandemente afetado. E a tal ponto que o curso de pedagogia chegou à iminência de ver suas funções totalmente redefinidas" (Saviani, 2009, p. 65).

Com isso, ao longo da história do curso de Pedagogia, o pedagogo foi ocupando diferentes posições no processo pedagógico, entre elas as de professor, de coordenador, de supervisor e de orientador educacional. Porém, nos últimos tempos, ele tem sido tratado, desrespeitosa e ironicamente, como um "apagador de incêndios" ou mediador de questões disciplinares e de controle de alunos, ou ainda como alguém que atua nas atividades de caráter burocrático da organização cotidiana da escola por não clareza sobre sua função ou sobre a necessidade dela. Isso caracteriza um fenômeno histórico permeado por discussões polêmicas, as quais pouco têm contribuído para efetivamente melhorar a formação dos pedagogos e, consequentemente, qualificar a atuação desses profissionais.

A busca pela identidade do curso e da qualificação do pedagogo contribuiu para o reconhecimento da educação como processo de alta complexidade. Portanto, seus encaminhamentos são de difícil compreensão no que se refere à formação dos indivíduos, tanto nos aspectos relacionados à aprendizagem em si quanto nos aspectos relacionados à humanização e evolução social. Tal complexidade acabou impondo diferentes conceitos para a pedagogia, bem como a dificuldade de se chegar a um termo que a explique.

Os termos mais usuais para explicar a pedagogia, encontrados em diversos livros, são catalogados e citados por Saviani (2009, p. 67-68): "ciência da educação, arte de educar, técnica de educar, filosofia da educação, história da educação, teologia da educação e teoria da educação". Entre as explicações dadas para esses termos, o que chama a atenção é a explanação do mesmo autor sobre a relação com a arte de educar, com a técnica de educar e com a ciência, em que a primeira caracteriza-se pela originalidade; a segunda, pela repetitividade; e a terceira, pelo conhecimento. Explica o autor: "há muita controvérsia não apenas em relação ao problema de se decidir sobre qual delas melhor se aplica ao termo pedagogia, mas também no que diz respeito ao significado de cada uma delas" (Saviani, 2009, p. 68).

Reconhecemos que existe dificuldade de consenso mesmo entre educadores e pesquisadores que têm experiência em ciências da educação. Como será, então, com os educadores iniciantes? A complexidade relativa à definição do curso incorre na dificuldade do profissional em ter clareza sobre qual é de fato sua função, dúvida ainda bastante presente entre acadêmicos egressos do curso de Pedagogia, o que faz com que, talvez, o centro da atenção acabe sendo direcionado para a prática.

Sem um direcionamento objetivamente concebido, o pedagogo poderá assumir e executar apenas funções determinadas pelas necessidades cotidianas, a partir de eventos sociais isolados relacionados ao contexto escolar e às suas problemáticas peculiares. Dessa forma, os objetivos de abrangência filosófica, científica, política e técnica para a atuação do pedagogo estarão sendo ignorados, e o direito dos educandos, negado ou negligenciado por uma ação que não se consolida teórica e cientificamente e que não atende à demanda educativa.

Os prejuízos na esfera educacional, ocasionados pela debilidade na formação dos educadores, podem ser tão nocivos quanto o descaso político. São elementos que, somados a outros fatores da conjuntura de estruturação da sociedade, contribuem para os resultados ineficientes apresentados na educação do país, de modo geral.

É preciso considerar a atividade educativa escolar como um processo desenvolvido no interior de uma estrutura humana e material cuja complexidade comporta diversos fenômenos, entre os quais consta a função social da escola como difusora do conhecimento científico entre aqueles que por ela passam. Portanto, o conjunto de conhecimentos teóricos do pedagogo e as concepções deste sobre educação, concebidos em sua formação acadêmica, formam a base epistemológica que dará sustentação à prática pedagógica – não apenas como execução ou como uma relação mecânica entre a teoria e a prática, mas como atuação práxica do educador na promoção da formação dos educandos.

De acordo com Kosik (2002, p. 226), "A compreensão das coisas e do seu ser, do mundo nos fenômenos particulares e na totalidade, é possível para o homem na base da abertura que eclode na práxis". A eclosão aqui referenciada pode ser entendida ontologicamente como a atividade humana objetiva sobre a realidade e as mútuas transformações promovidas entre o mundo e o homem. A atividade prática é a base do conhecimento, como nos diz Marx, em sua Tese VIII sobre Feuerbach: "a vida social é essencialmente prática. Todos os mistérios, que induzem a teoria para o misticismo, encontram sua solução racional na práxis humana e na compreensão dessa práxis" (Marx; Engels, 2007, p. 539).

É importante salientarmos que a prática como práxis não pode ser vista como a prática da execução, mas como princípio de ação transformadora da realidade, pela atividade objetiva em que o homem emprega todos os seus meios humanos, suas forças e seus recursos espirituais. A prática, de acordo com esse princípio, foge da conceituação da execução de uma determinada tarefa de caráter pragmático e empírico, marginalizando de forma equivocada o conhecimento teórico, em função do atendimento de uma necessidade de desenvolvimento de competências. Sobre essa dinâmica, Moraes (2001, p. 3) alerta que "o discurso é claro: não basta apenas educar, é preciso assegurar o desenvolvimento de 'competências' […]". Essa concepção permeia os meios educacionais, bem como o dizer de muitos educadores.

De fato, se considerarmos a lógica da estruturação socioeconômica vigente, encontraremos a sobrevivência dos sujeitos e os apelos ideológicos em torno da conquista, do mérito e do esforço pessoal como elementos hegemonicamente convincentes da garantia de uma colocação no mercado de trabalho.

Vale afirmarmos que não basta apenas reconhecermos nessa realidade os imperativos da dominação e do controle das políticas vigentes. Precisamos reconhecer também a tensão e a complexidade como elementos do processo educativo e, assim, perceber que a atividade educadora ou formadora do profissional da educação requer conhecimento que supere a perspectiva de uma educação baseada em parâmetros superficiais e limitados, cujos decretos ideológicos obstruem a capacidade de leitura da realidade de forma crítica, racional e coerente. Moraes (2001, p. 13) chama a atenção para essa reflexão: "Nessas circunstâncias, sobretudo, evidencia-se o papel estratégico de uma reflexão teórica e crítica sobre a educação e seu papel em uma sociedade civil que se quer esvaziada de conflitos, conformada como 'sociedade educativa', harmônica, positiva, pragmática, tolerante e plural".

Apesar da redundância, cabe reafirmarmos que o reconhecimento da importância do saber do educador é imprescindível. O acesso do educador à reflexão e à crítica depende, dentre outros elementos, da concepção que ele tem sobre o conhecimento, o que, por sua vez, serve de lente para a leitura e a interpretação da realidade. Caso contrário, caberá a esse profissional somente a massificação e a reprodução de um discurso que não é seu, refletindo um conhecimento vago e fragmentado, concordando com o conceito de "sociedade educativa" determinado pelos princípios hegemônicos do sistema a que se submete passiva e alienadamente.

A execução das tarefas do pedagogo por vezes se dá na superficialidade do cotidiano e fica submetida aos imperativos de uma cotidianidade figurada pelas necessidades aparentes, que demandam meramente a busca de soluções para problemas do aqui e agora. Gorz (citado por Masson 2009, p. 89) explica que, nessas condições, o pedagogo poderá ser visto apenas como mais um componente "dos sem-estatuto e dos sem-classe que ocupam os empregos precários de ajudantes, de tarefeiros, de operários de ocasião, de substitutos, de empregados de meio-expediente". Essa submissão decorre do vazio epistemológico que evidencia o pouco conhecimento do educador ao expressar significativa preocupação com a formação para a prática, como vemos a seguir, na explicação de Masson (2009, p. 176-177):

> A disseminação da racionalidade prática na formação de professores promove a concepção de que as ações dos professores são caracterizadas pelo presentismo e pelo individualismo. A frequente ideia de que a prática docente é incerta e complexa

faz com que a formação de professores seja cada vez mais ambígua e difusa. As crises econômicas, culturais e sociais demandam, na formação de professores, a compreensão do sentido político de suas práticas profissionais para assumirem o compromisso de transformação das ações que reproduzem as desigualdades sociais. Para tanto, é fundamental uma sólida formação teórica que contribua para a explicitação de que os problemas educacionais têm origem no contexto social e histórico, bem como para evidenciar as possibilidades transformadoras das ações dos professores.

A sólida formação teórica que a autora sugere foi rejeitada nos relatos da pesquisa que abordaremos no Capítulo 3. Veremos que foi unânime a queixa das educadoras entrevistadas de que o curso de Pedagogia é muito teórico e pouco prático. Isso leva à inferência de que a teoria não é tão importante quanto o "saber fazer". Depreende-se ainda que a importância atribuída à formação para a prática dos pedagogos implica que eles, ao chegarem à escola, não tenham tanta dificuldade em dar continuidade ao trabalho que já vem sendo feito, adaptando-se com mais facilidade, bem como contribuindo criativa e autonomamente. A transformação proclamada na expressão dos educadores, atribuída à educação escolar, não tem, via de regra, relação com os aspectos históricos, políticos e sociais do processo educativo, pela interpretação da realidade, histórica e criticamente, pois referem-se muito mais à ideia de uma formação para o aprender a aprender, cuja concepção é explicada por Duarte (2011, p. 49) da seguinte maneira:

> *[...] trata-se de um lema que sintetiza uma concepção educacional voltada para a formação da capacidade adaptativa dos indivíduos. Quando educadores e psicólogos apresentam o "aprender a aprender" como síntese de uma educação destinada a formar indivíduos criativos, é importante atentar para um detalhe fundamental: essa criatividade não deve ser confundida com busca de informações radicais na realidade social, busca de superação radical da sociedade capitalista, mas sim criatividade em termos de capacidade de encontrar novas formas de ação que permitam melhor adaptação aos ditames do processo de produção e reprodução do capital.*

Vale afirmarmos que o posicionamento dos educadores em favor da formação para a prática pode ter sua origem, também, em uma concepção superficial sobre a realidade, transmitida até mesmo por professores de Didática, Metodologias e Psicologia, na própria universidade. A prática é um fenômeno palpável, concreto, que pode ser visto, revisto e remodelado. O conhecimento teórico, porém, demanda interpretação e abstração por um processo de maior complexidade. A postura da maioria dos educadores em defesa da formação para a prática, portanto, pode ser resultante da dificuldade de compreensão filosófica e política da realidade, bem como da manipulação dos sujeitos pelo sistema, uma vez que os educadores também são manipulados. Pode ser, ainda, que os futuros pedagogos, ao ingressarem na universidade, tragam uma concepção prévia sobre a formação e a prática que não é superada durante o curso. Os alunos do curso de Pedagogia criam expectativas em torno do exercício da profissão como execução da tarefa de "ensinante". Tais expectativas acabam sendo frustradas quando se deparam com professores na universidade que, supostamente, priorizam a teoria em detrimento da prática, ou do ensino para a prática.

As concepções empiristas desenvolvidas ao longo do curso apresentam base epistemológica que não configura o caráter científico da formação, mas um senso comum que se origina no cotidiano e retorna a ele. A inconsistência teórica pode ser resultado não apenas da força do senso comum entre os educadores, mas também da fragilidade tanto na formação em Pedagogia quanto na compreensão sobre a complexidade do processo educativo, o que acaba incorrendo na busca pelo aprender a fazer, próprio do cotidiano, em detrimento do conhecer, fenômeno não cotidiano. O aprender a fazer é cotidiano, pois estamos o tempo todo fazendo, cumprindo, executando. É o trabalho. Objetiva e ideologicamente, a formação acadêmica dos sujeitos tem como função primordial fazer, trabalhar. E está aí, implícito, também, produzir. A lógica da produção desde muito cedo é incutida na escola, que leva da reprodução à alienação, tendo em vista que

> [...] vivemos atualmente a convivência de uma massa inédita de informações disponíveis e uma incapacidade aparentemente insuperável de interpretação dos fenômenos. Vivemos o que alguns chamam de "novo analfabetismo" – porque é capaz de explicar, mas não de entender –, típico dos discursos econômicos. Conta-se que um presidente, descontente com a política econômica do seu governo, chamou seu ministro de Economia e lhe disse que "queria entender" essa política. Ao que o ministro disse que "ia lhe explicar". O presidente respondeu: "Não, explicar eu sei, o que eu quero é entender". (Sader, 2005, p. 17-18)

Compreende-se, assim, que nós, na condição de educadores, quando não percebemos e, consequentemente, não entendemos a ideologia implícita em determinada concepção, de modo inconsciente, ajustamo-nos às suas delimitações, aceitamos os seus ditames e passamos a agir e a pensar segundo os seus parâmetros. Essa submissão pode ser reflexo da dificuldade em decifrar os enigmas apresentados pela realidade, a qual, por sua complexidade, demanda superação e transformação originadas pela compreensão dela própria. Ainda em Sader (2005, p. 18), encontramos que "Explicar é reproduzir o discurso midiático, entender é desalienar-se, é decifrar, antes de tudo [...]".

Sobre a alienação produzida pelo cotidiano, ressaltamos que superá-la depende de ação não cotidiana, pela passagem da condição do indivíduo "em-si" para a condição de indivíduo "para-si", por meio da relação consciente com o mundo e com ele mesmo. Essa relação é articulada pelo conhecimento acima da esfera da cotidianidade e com base no conhecimento da realidade.

Infere-se, portanto, como imprescindível a formação do pedagogo para além da preparação metodológica e do desenvolvimento de habilidades de ensino, pois uma concepção que se resuma apenas a esses elementos relega a segundo plano o conhecimento teórico, considerado apenas como uma base para a formação da prática docente, uma vez que o futuro pedagogo será um professor da educação infantil ou dos anos iniciais do ensino fundamental, um coordenador pedagógico ou um gestor. Assim, compreende-se que ele deverá, por sua formação, estar preparado para assumir a função a que se destina, dando continuidade às ações já encaminhadas no contexto escolar.

No processo educativo, a continuidade das ações já encaminhadas pela reprodução e a logística do funcionamento do cotidiano podem ser mais convenientes do que pensar em novas ações, as quais poderão pôr em risco a simetria dos relacionamentos profissionais e o andamento harmonioso do cotidiano. Pode ser, sim, mais fácil e menos traumático, porém nada transformador.

Essa adequação pode ser reflexo da fragilidade teórica na formação do pedagogo, o que, consequentemente, enfraquece não só a capacidade de leitura e apreensão da realidade deste, mas também sua intervenção junto aos professores e outros profissionais da esfera educativa. Se ele se restringe aos problemas do cotidiano na docência ou na atuação pedagógica, então sua ação se dará sobre a realidade aparente e nela permanecerá pela incapacidade de intervenção intencional e consciente na esfera não cotidiana. Para além dessa perspectiva, é importante reconhecermos o caráter ontológico de sua ação, cuja relação dialética com a realidade possibilita o esclarecimento sobre suas finalidades.

Cabe salientarmos que o estudo indica a necessidade de busca de conhecimento por parte do educador e, no caso em questão, do pedagogo. E, ainda, que a ação não cotidiana demanda a superação da ação meramente comprometida com a realidade aparente, dispensando atenção em grande medida aos fenômenos do cotidiano, bem como às atividades de rotina. No entanto, é importante considerarmos que as ações derivadas do conhecimento tácito, das experiências vivenciadas no cotidiano, podem ser elementos constitutivos de uma gama de conhecimentos que contribuem para que o educador melhor se movimente quando confrontado com os desafios propostos pela realidade singular.

Os conhecimentos derivados da prática humana, na vida cotidiana, podem servir de base para ações não cotidianas. Em outras palavras, com base nas experiências vivenciadas na busca de soluções práticas para problemas específicos de determinada realidade social, podemos vislumbrar ações acima do senso comum, desde que consideremos tais conhecimentos como ponto de partida para ações que efetivamente se consolidem como solução para o enfrentamento das problemáticas apresentadas de acordo com as especificidades e particularidades da realidade.

3

A ação do pedagogo no cotidiano escolar

Este capítulo apresenta a análise dos dados empíricos da pesquisa de campo feita com dez pedagogas de escolas de uma cidade do interior do Paraná. Foram entrevistadas oito profissionais de escolas públicas e duas da rede particular de ensino.

As escolas cujas profissionais participaram da pesquisa foram intencionalmente selecionadas com base em sua localização e no perfil de sua comunidade. O objetivo era conhecer a ação do pedagogo em diferentes contextos, considerando-se ações cotidianas e não cotidianas em função das características específicas de cada comunidade.

A pesquisa de campo foi realizada no ano de 2013, partindo das inquietações sobre a ação do cotidiano escolar e tendo em vista a relação entre a ação meramente cotidiana e a ação pedagógica, educativa e não cotidiana.

Do total das escolas públicas que foram foco deste trabalho, cinco localizavam-se em bairros da periferia, uma na zona rural e duas no centro da cidade. Das escolas particulares, uma localizava-se no centro e uma em um bairro próximo ao centro. As pedagogas demonstraram ótima receptividade à pesquisa.

Analisamos os dados com base nos seguintes referenciais:
- os estágios curriculares e a formação do pedagogo para a docência na prática de ensino;
- a relação entre ciência e senso comum na ação profissional do pedagogo;

- a invasão das ações cotidianas como fenômeno alienante na atuação profissional do pedagogo.

A análise da proposta busca discutir as concepções dos sujeitos da pesquisa acerca da formação no curso de Pedagogia e da relação desta com a atuação profissional cotidiana e não cotidiana.

Consideramos importante uma abordagem teórica e conceitual na categorização dos elementos identificados na pesquisa de campo. Triviños (1987, p. 55, grifo do original), citando a Academia de Ciências da URSS, explica que:

> *Podemos* entender as categorias *como "formas de conscientização nos conceitos dos modos universais da relação do homem com o mundo, que refletem as propriedades e leis mais gerais e essenciais da natureza, a sociedade e o pensamento"* [sic] *[...]. Para o marxismo, as categorias se formaram no desenvolvimento histórico do conhecimento e na prática social. Esta última afirmação é fundamental. Ela significa que o sistema de categorias surgiu como resultado da unidade do histórico e do lógico, "e movimento do abstrato ao concreto, do exterior ao interior, do fenômeno à essência"* [...].

Para o ser humano, essa dinâmica implica captar características de um fenômeno material e elaborar conceitos com base nas percepções, representações abstratas de uma categoria, para expressar uma realidade.

Em termos epistemológicos, as falas dos sujeitos da pesquisa podem indicar a expressão de seu conhecimento teórico-científico, produzido pela formação profissional e reorganizado pela ação, na esfera de sua atuação profissional, diante da interferência constante dos fenômenos modificadores da realidade e dos próprios sujeitos, como também em face dos determinantes histórico-sociais. Segundo Pinto (1994, p. 110), "A constituição da figura do educador, seu *status* profissional e sua valorização social são efeitos das diferentes etapas pelas quais passa o processo histórico". Na perspectiva do processo histórico, o pressuposto é de que as concepções e os conceitos dos educadores são resultantes, segundo

Cunha (1989, p. 29), de "uma relação forte entre o saber e os pressupostos da elaboração desse saber". Fundamentando-se nisso, a mesma autora afirma que "Estudar, pois, o professor como ser contextualizado nos parece da maior importância. É o reconhecimento do seu papel e o conhecimento de sua realidade que poderão favorecer a intervenção no seu desempenho." (Cunha, 1989, p. 28).

A relevância do estudo sobre a formação do educador configura-se pelas concepções expressas em seus dizeres sobre seu fazer profissional, considerando sua formação. Essas concepções podem contribuir para outras possibilidades de leitura do fenômeno em questão, legitimando a revisão conceitual e ampliando os horizontes de compreensão e de ação no processo de apropriação da realidade. Assim,

> *A análise sobre a educação de professores, seu desempenho e o trato do conhecimento parece [sic] de fundamental importância ao delineamento de novos rumos na prática pedagógica. O estudo do professor no seu cotidiano, tendo-o como ser histórico e socialmente contextualizado, pode auxiliar na definição de uma nova ordem pedagógica e na intervenção da realidade no que se refere à sua prática e à sua formação.* (Cunha, 1989, p. 32-33)

Novos rumos da prática pedagógica são uma importante preocupação entre os pesquisadores. A realidade, por sua configuração histórica e social, requer revisão dos fazeres, dos dizeres, das concepções que direcionam as ações nas diferentes esferas do fazer e do ser dos sujeitos na sua cotidianidade. Nesse sentido, nosso estudo se propõe a analisar o que dizem os sujeitos da pesquisa, com o intuito de compreender os elementos relacionados à formação em Pedagogia que norteiam seu exercício profissional educativo no cotidiano.

Assim, as pedagogas que participaram como sujeitos da pesquisa, com exceção de uma, cuja formação se deu em uma instituição particular, são graduadas em instituição pública sediada na cidade em que a pesquisa foi realizada e pós-graduadas em nível de especialização em Educação. O tempo de atuação como pedagogas ou coordenadoras pedagógicas varia entre 5 a 8 anos, tendo em vista os concursos de 2004 e 2007 para professor pedagogo no estado do Paraná. Além disso, as participantes já atuaram como professoras dos anos iniciais do ensino fundamental e da educação infantil. São informações que, em conjunto com outras obtidas na pesquisa de campo, contribuíram significativamente para a divisão das categorias de análise, cuja organização não tem a intenção de apresentar a ação do pedagogo de forma fragmentada, mas as relações que se permitiram fazer a partir das informações coletadas.

3.1
Prática de ensino: os estágios curriculares e a formação do pedagogo para a docência

Os estágios curriculares no curso de Pedagogia, previstos pelas Diretrizes Curriculares Nacionais – DCN, as quais foram instituídas pela Resolução CNE/CP n. 1, de 15 de maio de 2006 (Brasil, 2006c) proporcionam ao estudante estagiário o acesso à esfera estrutural da escola e à sua organização. Para o estagiário, futuro educador, isso pode significar um momento de reflexão, de questionamentos, de buscas e de expectativas com base no cotidiano escolar e em suas implicações, bem como em suas inquietações ou concepções sobre o fenômeno da prática. Sobre essa questão, Vázquez (1968, p. 11) explica que:

> *O homem comum e corrente se considera a si mesmo como o verdadeiro homem prático; é ele que vive e age praticamente. Dentro de seu mundo as coisas não apenas são e existem em si, como também são e existem, principalmente, por sua significação prática, na medida em que satisfazem necessidades imediatas de sua vida cotidiana.*

A concepção em torno da significação prática é expressa nos relatos dos sujeitos deste estudo, pois evidenciam as concepções voltadas para a importância e a necessidade da formação para a prática por meio das disciplinas de Estágio Supervisionado (ou Prática de Ensino) e de Didática, cuja relação na justificativa dos sujeitos fundamenta-se no "aprender a fazer". O pressuposto aqui pode ser de que, desde o ingresso no curso, o estudante de Pedagogia espera uma formação voltada para a atividade prática – o fazer em sala de aula –, baseada em uma preocupação histórica com essa prática. Trata-se de um tema recorrente na literatura, como salienta Piconez (citado por Fazenda et al., 2008, p. 17):

> *A preocupação com a Prática de Ensino, mesmo tendo sua origem na década de 1930, tanto com a criação de cursos superiores de Licenciatura, cuja definição foi explicitada em 1939 com a instituição do regime do curso de Didática, quanto na Habilitação Específica de 2º grau para Magistério, então conhecida como Escola Normal, passou a ser objeto de preocupação antiga, principalmente com relação ao estágio curricular a partir da reforma universitária institucionalizada pela Lei 5.540/68.*

As diretrizes do curso de Pedagogia preconizam que os estágios devem ser realizados durante a formação acadêmica dos pedagogos, conforme determina o art. 7º das DCN para o curso de graduação em Pedagogia: "O curso de Licenciatura em Pedagogia terá a carga horária mínima de 3.200 horas de efetivo trabalho acadêmico [...]" (Brasil, 2006a, 2006b, 2006c). Dessas 3.200 horas, no item II do mesmo artigo, lê-se que deverão ser: "300 horas dedicadas ao Estágio Supervisionado prioritariamente em Educação Infantil e nos anos iniciais do Ensino Fundamental, contemplando também outras áreas específicas, se for o caso, conforme o projeto pedagógico da instituição [...]" (Brasil, 2006a; 2006b; 2006c).

Essa determinação, quando diz "prioritariamente", pressupõe uma formação voltada para a docência. Na formação para a docência, é possível perceber a preocupação com o "saber fazer" docente no que se refere às práticas de sala de aula, especificamente, por meio da aplicação de técnicas de ensino cujo pressuposto prevê a concretização de uma eficiente ação pedagógica.

Assim, a discussão sobre as finalidades do estágio, com base nas relações teórico-práticas existentes no cotidiano escolar, pode contribuir para a compreensão e para a busca de superação das ações restritas, previamente estabelecidas pelas determinações de um cotidiano pronto. Ribeiro (2001, p. 7, grifo do original) nos diz que "a significação prática da atividade educacional é reconhecida, defendida e 'realizada', [sic] visando a [sic] SATISFAÇÃO DAS NECESSIDADES PRÁTICAS DA VIDA COTIDIANA, E PRONTO!".

Nesse sentido, os sujeitos do processo educativo (no caso desta pesquisa, das pedagogas entrevistadas) podem contribuir propondo uma reflexão pelo viés de suas próprias concepções acerca de sua formação e a relação dessa trajetória com sua prática cotidiana.

Para as pedagogas[1] entrevistadas, o estágio durante a formação acadêmica representa a essência da formação. Logo, uma pauta para a melhoria da formação inicial seria o aumento da carga horária de estágios supervisionados, como podemos perceber na seguinte afirmação da educadora Patrícia: "Os estágios foram insuficientes. Penso que o contato com a realidade da escola é muito superficial, muito pouco".

A profissional evidencia sua inquietação em face da insuficiência da carga horária dos estágios, os quais, segundo Fernanda, têm a mesma relevância: "Senti falta de um número maior de horas de estágio. Os estágios foram insuficientes". Para essas pedagogas, as horas de estágio praticados na graduação não foram suficientes para suprir sua necessidade de contato com a realidade escolar que futuramente seria parte de trabalho. Tal inserção no espaço escolar por meio do estágio pode dar ao estudante de acesso à configuração estrutural da instituição, bem como à organização de seu cotidiano, conforme a indicação de André e Fazenda (1991, citados por Pimenta, 2006, p. 76) que definem o estágio como

---

1 A fim de identificarmos as entrevistadas preservando seu anonimato, utilizaremos os nomes fictícios: Alice, Eliane, Fernanda, Gilda, Joana, Lucília, Patrícia, Priscila, Regiane e Simone. Todas as entrevistas foram feitas no ano de 2013.

"um processo de apreensão da realidade concreta, que se dá através de observação e experiências, no desenvolvimento de uma atitude interdisciplinar." Como princípios norteadores coloca que a leitura da realidade exige instrumental adequado que envolve o saber observar, descrever, registrar, interpretar e problematizar a realidade. Decorrente deste processo, surgem as alternativas de intervenção.

O estágio pode ser também uma oportunidade de reflexão sobre a realidade escolar e suas contradições, possibilitando ao estagiário amadurecimento e revisão de conceitos, propiciando a formação de novas ideias e perspectivas sobre o trabalho escolar. Segundo Pimenta (2006, p. 71), "a reflexão sobre a prática, sua análise e interpretação constroem a teoria que retorna à prática para esclarecê-la e aperfeiçoá-la". Nessa perspectiva, compreendemos melhor o que diz a pedagoga Eliane sobre os estágios, quando afirma que "O que foi bom mesmo no curso foram os estágios. Isso foi importante. Adquiri maturidade ao ver na prática o que vi na teoria". Tal maturidade pode ser traduzida pela mudança de concepções como consequência do contato com a realidade escolar e das apreensões promovidas durante os estágios, tendo em vista que,

> *Enquanto [sic] processo de apreensão da realidade, o estágio deve indicar como o aluno a apreende, deve conduzir o ver do aluno, para que ele enxergue em cada detalhe "o todo, a totalidade, o como agir" que, somado ao "ver dos outros [...] pode descortinar novos horizontes para projetos educativos mais audaciosos".*
> (André; Fazenda, 1991, citados por Pimenta, 2006, p. 76)

É importante destacarmos que as possíveis apropriações da realidade pela experiência durante o estágio poderão ser limitadas ao tempo de duração deste, bem como às condições adversas e à instabilidade do cotidiano escolar.

A pedagoga Fernanda, além de relatar a importância do estágio já citada anteriormente, acrescenta: "No curso, de modo geral, importante na minha formação foi a disciplina de Didática, principalmente porque a professora Maiza[2] era ótima e ensinava de verdade". Percebemos, implícita nessa reposta, a relação entre "saber fazer" e "ensinar a fazer" e sua importância na formação da educadora entrevistada.

Ainda sobre o "saber fazer", a pedagoga Gilda expõe: "A prática de sala de aula aprendi no Magistério. Pedagogia é um curso muito teórico. Me interessei [sic] mais pela fase dos estágios. Gosto da prática". Ao dizer que aprendeu a prática no Magistério[3], aponta que, ao cursá-lo, aprendeu o "como fazer". A concepção de que, nesse curso, a formação para o exercício da prática em sala de aula foi mais consistente que na graduação em Pedagogia reflete o padrão de organização das Escolas Normais. Sobre a reforma do plano de estudos dessas escolas no Estado de São Paulo em 1890, estendia posteriormente para outros estados do país, Saviani (2012, p. 15) afirma que

> *A reforma foi marcada por dois vetores: enriquecimento dos conteúdos curriculares anteriores; e ênfase nos exercícios práticos de ensino, cuja marca característica foi a criação da Escola-Modelo anexa à Escola Normal, na verdade a principal inovação da reforma. De fato, foi por meio dessa escola de aplicação que o modelo pedagógico-didático se tornou a referência para a formação de professores propiciada pelas Escolas Normais. [...] centralizando o preparo dos novos professores nos exercícios práticos, os reformadores estavam assumindo o entendimento de que sem assegurar, de forma deliberada e sistemática por meio da organização curricular, a preparação pedagógico-didática não se estaria, em sentido próprio, formando professores.*

O formato da Escola Normal, posteriormente denominado *Habilitação do Magistério*, e a ênfase aos exercícios práticos justificam de certo

---

2 Maiza Margraf Althaus, professora de Didática na Universidade Estadual de Ponta Grossa – UEPG.
3 A Lei n. 5.692/1971 (Brasil, 1971) modificou os ensinos primário e médio, introduzindo a denominação de *1º* e *2º Graus*. Na nova estrutura, desapareceram as Escolas Normais, sendo instituída a habilitação específica de 2º grau para o exercício do magistério de 1º grau. O Parecer n. 349/1972 (Brasil, 1972) organizou a Habilitação do Magistério (Borges; Aquino; Puentes, 2011).

modo a importância atribuída pela educadora entrevistada à atividade prática, no sentido de aprender a aplicar os procedimentos pedagógico-didáticos no trabalho escolar. É importante observar também que a professora afirma que seu interesse foi maior na fase dos estágios porque gosta da prática. Muito semelhante a essa forma de pensar, a pedagoga Regiane resume sua formação da seguinte maneira: "O que valeu no curso foram as didáticas". Da mesma forma, Joana afirma: "As didáticas foram importantes. Com as didáticas, a gente aprendia como dar aulas. A professora Maiza era excelente no ensino da didática. E os estágios foram muito poucos". O aprender a "dar aulas", traduzido pela necessidade da atividade prática, configura resquício da organização das Escolas Normais na expectativa dos futuros educadores, uma vez que estes identificam a prática como elemento principal de sua formação.

Essa visão sobre o estágio como prática pode sobrepor-se à compreensão sobre a sua real finalidade. De acordo com Lima e Pimenta (2012, p. 45), "a finalidade do estágio é propiciar ao aluno uma aproximação à realidade na qual atuará. Assim, o estágio se afasta da compreensão até então corrente, [sic] de que seria a parte prática do curso". Pimenta (2006, p. 67) ainda acrescenta que "teoria e prática são componentes indissociáveis da 'práxis'", entendendo, nesse caso, a práxis como o resultado da união da teoria com a prática, como no caso da atividade educacional relacionada à prática do estágio na educação escolar.

> *Como toda atividade propriamente humana, a atividade prática que se manifesta no trabalho humano, na criação artística ou na práxis revolucionária, [sic] é uma atividade adequada a objetivos, cujo cumprimento exige [...] certa atividade cognoscitiva. Mas o que caracteriza a atividade prática é o caráter real, objetivo, da matéria-prima sobre a qual se atua, dos meios ou instrumentos com que se exerce a ação e de seu resultado ou produto.* (Vázquez, 1968, p. 193)

Pelo viés da atividade propriamente humana, pressupõe-se que ela trilhe múltiplos caminhos na busca pela compreensão da realidade dada, pela ação transformadora dessa realidade. Assim, presume-se que o cumprimento dos objetivos e das finalidades da ação demande capacidade de conhecer a realidade, que é característica propriamente humana e de caráter teórico. Ribeiro (2001, p. 28, grifo do original) nos lembra que "em termos de prática PROPRIAMENTE humana não se está no âmbito da pura prática e sim no âmbito da unidade entre teoria e prática (práxis)". A concepção de unidade entre teoria e prática legitima a ideia de que são ambas elementos de um processo dialético, caracterizado por uma relação recíproca constante em que os fenômenos que a constituem não podem ser compreendidos isoladamente. Essa noção de práxis, no entanto, não aparece na percepção da pedagoga Simone, quando ela revela que "O curso de Pedagogia foi muito teórico e pouco prático. O curso deixou a desejar na parte prática".

Vázquez (1968, p. 241) ressalta que a práxis "tem um lado ideal, teórico, e um lado material, propriamente prático, com a particularidade de que só artificialmente, por um processo de abstração, podemos separar, isolar um do outro". A materialidade da prática não está separada da base teórica que a sustenta; a relação entre ambas se constitui como práxis, caracterizada no movimento de interpretação e de ação transformadora dos sujeitos e da realidade, síntese da transformação do mundo. Para tanto, faz-se necessário considerar que, para que a realidade possa ser transformada, as apropriações desta requerem a inserção dos sujeitos de forma mais efetiva.

A inserção aqui proposta vai ao encontro do que a pedagoga Alice evidencia em seu dizer sobre a formação do pedagogo, tendo em vista o elemento *tempo de atuação* durante os estágios:

> *Acho importante que no curso de Pedagogia tenha [sic] mais tempo para os estágios, para o desenvolvimento das didáticas. Acho também que o pedagogo, quando faz faculdade, deveria ser igual [sic] médico, fazer um tipo de residência na escola. As alunas saem do curso de Pedagogia com uma visão muito superficial sobre a escola.*

Nessa resposta, a entrevistada relaciona os estágios ao desenvolvimento das didáticas que, por sua vez, estão relacionadas também ao "saber para fazer". A participante ainda atribui o pouco tempo de contato dos futuros educadores com a escola como um elemento responsável por uma visão superficial sobre o ambiente escolar e, talvez, insuficiente para formarem uma concepção que se aproxime da compreensão sobre a realidade que configura a escola. Pressupomos que, se não só a atividade pedagógica desenvolvida nos estágios e a sua duração fossem ampliadas, mas também o acesso às questões funcionais, estruturais e pedagógicas do meio educativo, então a formação profissional seria de melhor qualidade. Sobre isso, Kulcsar (citado por Fazenda et al., 2008, p. 64) faz a seguinte afirmação:

> *Considero os Estágios Supervisionados uma parte importante da relação trabalho-escola, teoria-prática, e eles podem representar, em certa medida, o elo de articulação orgânica com a própria realidade. Na colocação escola-trabalho, pode-se perceber a importância do Estágio Supervisionado como elemento capaz de desencadear a relação entre polos de uma mesma realidade e preparar mais convenientemente o aluno estagiário para o mundo do trabalho, desde que escola e trabalho façam parte de uma mesma realidade social e historicamente determinada.*

O perfil histórico-social da realidade pode ser considerado como elemento delineador das concepções e das ações dos sujeitos, uma vez que as respostas encontradas e as novas inquietações caracterizam-se como fenômenos da realidade em movimento e exigem novas interpretações acerca das manifestações da realidade objetiva. Assim, o estágio pode ser uma oportunidade de conhecimento e de inserção na materialidade da realidade escolar, e não apenas uma atividade a ser cumprida de acordo com a proposta curricular do curso. Além disso, pode cumprir efetivamente a função formadora da capacidade de reflexão, de observação e de leitura sobre as especificidades e as particularidades da realidade escolar apresentada, para, então, pensar nas possibilidades de intervenção possíveis e transformadoras, mesmo considerando as limitações e as contradições que se apresentam no interior do processo educativo.

A partir dessa possibilidade, a pedagoga Priscila diz que, em sua formação profissional, "Os estágios foram interessantes. Mas o curso de Pedagogia deve formar o pedagogo para ser o profissional da educação e não professor de sala de aula para crianças. O pedagogo deve conhecer a realidade da escola e intervir nela buscando transformá-la".

Na declaração da pedagoga, observa-se que há uma inquietação que extrapola as questões relacionadas à prática. Ela não nega a importância do estágio, mas argumenta sobre a importância do curso de Pedagogia para a formação do educador, instrumentalizando-o para intervir no processo educativo com base no conhecimento sobre a realidade em questão, no intuito de contribuir com tal realidade, buscando transformá-la. Podemos afirmar que tal concepção abrange uma dimensão ampliada sobre a ação do educador. Com base nesse entendimento e na argumentação de Kulcsar (Fazenda et al., 2008), podemos refletir sobre o estágio como ferramenta fundamental na formação política e social do educador a partir da união entre teoria e prática.

Tal formação pode contar com a contribuição do estágio no seguinte sentido:

> *O estágio não pode ser encarado como uma tarefa burocrática a ser cumprida formalmente, muitas vezes desvalorizado nas escolas onde os estagiários buscam espaço. Deve, sim, assumir a sua função prática, revisada numa dimensão mais dinâmica [...] e de possibilidades de abertura para mudanças.* (Fazenda et al., 2008, p. 65)

Conferir ao estágio possibilidades de mudança implica ir além do planejamento de atividades pedagógicas cujos fins podem ser restritos à análise do desempenho do futuro educador e de suas prescrições didáticas, ou seja, limitados à avaliação das habilidades ou competências metodológicas do estagiário. Nesse caso, considera-se o estágio não como prática profissional, mas como prática formadora com base na compreensão sobre a globalidade do curso – e como componente deste –, porque, segundo Pimenta (2006, p. 15, grifo do original), o estágio "é ATIVIDADE TEÓRICA, preparadora de uma práxis". A complexidade desse processo pode dificultar a compreensão da inseparabilidade entre teoria e prática, reduzindo esta última aos aspectos instrumentais e metodológicos. Nessa direção, a pedagoga Lucília relata sobre sua formação: "Os estágios foram poucos, mas bem importantes. Tive bons professores na área das metodologias, porque a metodologia quase garante o sucesso da aprendizagem. Por exemplo: ensinar como o professor vai trabalhar o conteúdo. Ensinar como trabalhar. O curso de Pedagogia não supre a prática".

A entrevistada reconhece a importância não só dos estágios, mas também das metodologias, à qualidade das quais é atribuído o sucesso da aprendizagem; portanto, reivindica para a formação do pedagogo o ensino da prática, quando valoriza o "ensinar como o professor vai trabalhar o conteúdo". Em síntese, para essa pedagoga, o curso de Pedagogia deve formar um pedagogo que saiba dar aula, que saiba ensinar bem os conteúdos, que tenha domínio metodológico, pois, nas palavras dela, "a metodologia quase garante o sucesso da aprendizagem". A reflexão sobre essa concepção pode ser sustentada com base no que enfatiza Pinto (1994, p. 50):

> *A questão do método é decisiva. [...]. Basta assinalar que possui dois aspectos: o técnico e o ideológico. É importante distingui-los bem, pois o educador frequentemente procura encobrir com roupagens técnicas os interesses que não deseja discutir. Existe, está claro, um problema muito sério de técnica pedagógica, desde a alfabetização até a organização dos currículos universitários, porém o que desejamos advertir é que toda solução técnica de um problema pedagógico contém uma atitude ideológica. Não se deve superestimar a significação do método, como faz a consciência ingênua[4]. Não é admissível considerá-la como a única*

---

4 Consciência ingênua: "É aquela que – por motivos que cabe à análise filosófica examinar – não inclui em sua representação da realidade exterior e de si mesma a compreensão das condições e determinantes que a fazem pensar tal como pensa." (Pinto, 1994, p. 59).

realidade do processo educacional, até o ponto de admitir que as virtudes de um determinado método podem suprir as deficiências dos demais fatores.

Cabe assinalarmos que, no processo educativo, as questões metodológicas estão diretamente ligadas à teoria e à prática. São fenômenos interdependentes, cuja relação configura a atividade pedagógica. No processo de desenvolvimento da educação escolar, os reducionismos podem constituir-se como obstáculos à compreensão sobre a dimensão global da educação, cujos elementos históricos e sociais a constituem como totalidade. Portanto, priorizar um segmento isoladamente em detrimento de outros pode levar à fragmentação entre teoria e prática.

As concepções das pedagogas participantes da pesquisa apontam para a separação entre os aspectos teóricos e práticos da educação, ou seja, uma compreensão que não parece falsa de que o curso de Pedagogia seria dividido entre uma parte teórica e outra prática, sendo esta última representada pelos estágios supervisionados. Para Azevedo, citado por Piconez (Fazenda et al., 2008, p. 17), "uma teoria colocada no começo dos cursos e uma prática colocada no final deles sob a forma de Estágio Supervisionado constituem a maior evidência da dicotomia existente entre teoria e prática". Isso significa que, quando há separação entre o conceito e a ação, não há diálogo entre a teoria e a prática: num primeiro momento da formação, aprende-se a primeira e, numa segunda fase, passa-se à segunda pela suposta aplicação daquela, o que efetivamente não ocorre. Sobre isso, Piconez (Fazenda et. al., 2008, p. 17) nos adverte de que "[...] as orientações de estágio têm sido dirigidas em função de atividades programadas *a priori*, sem que tenham surgido das discussões entre educador/educando, no cotidiano da sala de aula, da escola".

Esse formato da prática caracteriza o estágio como mera aplicação de conteúdos sugeridos ou determinados pelo professor regente da classe em que o estagiário vai atuar, o que não garante nem mesmo a formação para o "saber fazer" que as pedagogas declaram como fundamental em seu processo de formação.

De acordo com Piconez (Fazenda et al., 2008), a materialidade do estágio não está separada da proposta teórica que o sustenta. No entanto, percebemos que a separação está presente nas concepções das entrevistadas. Com base em tais relatos, necessitamos questionar sobre a estrutura do curso de Pedagogia: ele realmente vem se pautando pela separação entre a teoria e a prática, inclusive na sua organização curricular, ou há uma compreensão equivocada por parte das entrevistadas? Consideremos que essas perguntas podem refletir a situação de boa parcela dos profissionais da educação, haja vista que a literatura utilizada também traz as mesmas questões encontradas na pesquisa empírica aqui desenvolvida.

A ênfase no "como fazer" pode impedir o futuro profissional de compreender a ação do pedagogo numa esfera de maior abrangência, tanto no seu processo formador quanto no do educando, praxicamente. A ação pela ação pode se dar num vazio teórico, em que as atividades propostas durante o estágio reduzem-se à exposição de conteúdos para, posteriormente, serem exercitados pelos estudantes. O que percebemos, pelos relatos de nossa pesquisa, é que, mesmo que as entrevistadas não atuem como professoras em sala de aula, mas sim como coordenadoras pedagógicas ou professoras pedagogas, elas expressam a necessidade de formação para atuação em sala de aula.

> *Diferentemente do exercício profissional de outros profissionais, como, por exemplo, os médicos dos quais se exige que tenham cumprido um estágio curricular e um estágio profissional entendidos como componentes da fase de formação, o exercício profissional de professores no Brasil, desde suas origens, requer o cumprimento apenas do estágio curricular. Talvez por isso tenha se criado a expectativa de que o estágio deve possibilitar a aquisição da prática profissional, especialmente a de dar aulas.* (Pimenta, 2006, p. 21)

A inquietação presente nos relatos evidencia uma expectativa das pedagogas em torno de um educador idealizado, cuja formação contemple o "ensinar a fazer" de forma muito mais técnica do que teórica, sem conceber a teoria e a prática como elementos inseparáveis do processo de ensino e aprendizagem. A crítica relativa à formação teórica em detrimento da prática infere uma concepção equivocada sobre a relação dialética entre elas, isto é, entre a concepção e a execução. É a partir desse equívoco que ocorre a dicotomia. Esse fenômeno pode estar relacionado à complexidade dessa relação ou à dificuldade em se compreender o conceito da unidade teoria-prática.

Consideramos que compreender esse processo pode ser um fator de relevância na formação do pedagogo, pois esse profissional, em sua atuação tanto como professor em sala de aula quanto como coordenador pedagógico, precisa desvencilhar-se de concepções que reduzem a sua ação a uma mera transmissão de informações ou conteúdos programáticos, cuja ênfase refira-se à qualidade dessa transmissão.

Vale mencionarmos que os estágios curriculares, tão lembrados pelas pedagogas desta pesquisa, podem ser vistos e executados com base na reflexão sobre a relação dialética entre a teoria e a prática, ou seja, como elementos intrínsecos, não podendo ser pensados de forma isolada ou mecânica. Salientamos também que a prática de ensino proporcionada durante o estágio pode contribuir para a transmissão de conteúdos ou para a *performance* didática, pois descortina a realidade escolar e abre possibilidades de compreensão sobre a prática educativa em sentido amplo.

O estágio curricular como via de inserção do futuro educador no espaço escolar, embora ocorra em curto espaço de tempo ou possa ser considerado superficial, configura um momento de reflexão sob a perspectiva da escola como espaço em que a ação dos educadores constitui-se como elemento significativo na busca de respostas às problemáticas e às necessidades apresentadas no âmbito educacional e social. Faz-se necessário, contudo, não perder de vista a unidade teoria-prática como fundamento para compreendermos a prática educativa como totalidade e que, como tal, não cabe priorizar um aspecto em detrimento de outro, tendo em vista a relação de interdependência entre os elementos constitutivos dessa relação.

> *Em suma, nada de teoria no vazio; nada de empirismo desconexo. São as duas obrigações de unidade que revelam a estreita e rigorosa síntese da teoria com a prática e que só se pode exprimir por sentido bidirecional, através da relação dialógica. Essa unidade situa-se no centro em que a teoria é determinada pelo conhecimento preciso da prática e no qual, em contrapartida, a teoria determina com mais rigor sua experiência.* (Fazenda et al., 2008, p. 25-26)

Na perspectiva de uma síntese entre teoria e prática, os elementos que nortearão a ação do educador podem ser redimensionados com base em novas concepções que, por sua vez, se não forem repensadas, podem ser consideradas como entraves no processo de ensino e aprendizagem, ainda que não intencionalmente. É importante lembrarmos que a ação modificadora pode não se efetivar na transitoriedade dos fenômenos, e sim se basear neles como elementos determinados pela realidade histórico-social.

A percepção dos elementos *teoria* e *prática*, de forma isolada, pode representar uma concepção utilitária da prática, entendida pelo pressuposto da aplicação técnica de um procedimento metodológico ou instrumental, podendo, assim, constituir-se como ação mecânica. Essa mecanicidade pode significar, em primeira mão, a ausência de senso crítico e a revisão de concepções acerca da dialeticidade do processo educativo e de suas demandas. E o que é o processo educativo, senão um fenômeno histórico e social em pleno movimento, em que educadores e educandos transitam entre o conhecimento científico e sua aplicabilidade na cotidianidade, buscando a superação do senso comum?

3.2
A relação ciência *versus* senso comum na ação profissional do pedagogo

A discussão que propomos nesta seção tem como objetivo analisar, com base nas informações coletadas na pesquisa com as pedagogas, como elas e seus colegas de formação transitam entre a aplicação do conhecimento científico e o senso comum na sua prática profissional.

Sobre a pedagogia, especificamente, Libâneo (2001, p. 6) enfatiza que "ela é um campo de conhecimentos sobre a problemática educativa na sua totalidade e historicidade e, ao mesmo tempo, uma diretriz orientadora da ação educativa". A complexidade que envolve a pedagogia como campo de conhecimento do processo educativo nem sempre pode ser assimilada facilmente. Necessitamos da prática da reflexão e da busca pelo conhecimento dos fenômenos que envolvem cotidianamente a formação dos sujeitos. Essa busca é especialmente importante para aqueles que estão em atividade no campo da educação sistematizada, cujo principal instrumento de trabalho é o conhecimento.

Pressupõe-se a aplicação do conhecimento científico no exercício profissional, tendo em vista a formação acadêmica e o conhecimento científico adquirido por meio dela. A ciência é, em larga medida, responsável pelo conhecimento sistematizado, cuja origem se encontra nos achados científicos resultantes da pesquisa, da investigação e da reflexão. O conhecimento, o que é sabido de longa data, gera, na vida dos seres humanos, impressões sobre a realidade, ao mesmo tempo que direciona ou determina muitas das suas ações, bem como contribui com a tomada de decisão nos diferentes segmentos da vida cotidiana. Segundo Saviani (2009, p. 62), "A partir do conhecimento adequado da realidade é possível agir sobre ela adequadamente". Não se trata, no entanto, de uma ação puramente técnica, mas de uma ação com base na sua formação pedagógica, pressupondo o conhecimento científico como ferramenta ao lado da compreensão da realidade em que ele deverá exercer sua função educadora.

Sobre a formação proposta pelas DCN para o curso de graduação em Pedagogia, o art. 2º determina o seguinte:

> *Art. 2º As Diretrizes Curriculares para o Curso de Pedagogia aplicam-se à formação inicial para o exercício da docência na Educação Infantil e nos anos iniciais do Ensino Fundamental, nos cursos de Ensino Médio, na modalidade Normal, e em cursos de Educação Profissional na área de serviços e apoio escolar, bem como em outras áreas nas quais sejam previstos conhecimentos pedagógicos.*
>
> *§1º Compreende-se a docência como ação educativa e processo metódico e intencional, construído em relações sociais, étnico-raciais e produtivas, as quais influenciam conceitos, princípios e objetivos da Pedagogia, desenvolvendo-se na articulação entre conhecimentos científicos e culturais, valores éticos e estéticos, inerentes a processos de aprendizagem, de socialização e de construção do conhecimento, no âmbito do diálogo entre diferentes visões de mundo.* (Brasil, 2006b, p. 6; 19)

Pela formação proposta no documento citado, a articulação entre o conhecimento e o exercício profissional do pedagogo pode ser vista como eminentemente favorável à organização e ao planejamento da ação do profissional no âmbito educativo, em qualquer espaço de atuação. O conhecimento parece ser entendido como fio condutor da ação, ampliando suas possibilidades de sucesso e viabilizando recomeços, revisões e outras intervenções, cujos resultados alcancem a realidade social em suas especificidades, promovendo a inserção dos sujeitos no processo educativo sistematizado e intencional. O conhecimento, portanto, constitui-se como base para a proposição de objetivos a fim de que a ação educativa não se dê no vazio ou se caracterize como intervenção espontânea, ingênua ou imediatista.

O fazer educativo intencional implica o reconhecimento da necessidade de ações específicas, cujos objetivos caracterizam-se pelas finalidades propostas para cada contexto social e com base neles. Para isso, com relação à esfera educacional escolar, Schmied-Kowarzik (citado por Libâneo, 2010, p. 55-56) afirma que "a Pedagogia precisa pensar-se a si própria em sua relação com a prática na qual se enraíza e a partir da qual e para a qual estabelece proposições". Tais conjecturas da e para a prática exigem parâmetros fundados em pressupostos validados pelo conhecimento articulado na ação e não apenas nas prescrições do senso comum. Fundamentando-nos nesse viés e nos relatos das entrevistadas como sujeitos da pesquisa, em continuidade ao estudo, propomos aqui uma análise baseada na relação entre ciência e senso comum na ação do pedagogo na esfera escolar.

Assim, sobre a articulação do conhecimento teórico-científico no exercício da prática educativa na escola, a pedagoga Gilda diz que:

> *É difícil esta articulação por causa da diversidade das situações; cada situação precisa de uma ação imediata. São muitos os problemas enfrentados no cotidiano. Mas acredito que [em] setenta por cento [do meu trabalho] eu uso o conhecimento adquirido no curso, principalmente conhecimentos de História da Educação. Mas é claro que a gente aprende a trabalhar trabalhando, então é diferente a teoria da prática.*

A pedagoga considera os problemas do cotidiano como impeditivos ou dificultadores da articulação entre o conhecimento e a ação. Mesmo assim, a educadora diz fazer uso de seu conhecimento teórico, embora em sua concepção a profissionalização efetive-se pela prática. Vale lembrarmos que:

> *Ainda que as práticas educativas hoje se encontrem bastante ampliadas, não se reduzindo ao ensino, continua pertinente reconhecer nesses elementos constitutivos do pedagógico o núcleo de referência dos conhecimentos científicos, filosóficos e técnico-profissionais que compreendem a competência profissional do pedagogo.*
> (Libâneo, 2010, p. 57)

A competência profissional do pedagogo excede as questões pedagógicas, tendo em vista a amplitude do seu campo de ação. Segundo a pedagoga Gilda, a intervenção se dá em diferentes esferas da complexidade educativa, uma vez que a demanda cotidiana determina os encaminhamentos de sua atuação na escola. Ela não explicita, porém, seu plano de ação, cujo referencial teórico dá suporte à sua prática no processo educativo, bem como contribui para a continuidade da sua própria formação.

Já para Fernanda, seu conhecimento é utilizado quando há necessidade de argumentar com os professores em relação às necessidades dos estudantes:

> *O tempo todo tenho que ter argumentos teóricos com os professores. Então, falo sobre Piaget, Wallon, Vygotsky, principalmente com relação à afetividade, porque os alunos precisam de contato, de carinho, eles não têm isso de ninguém. Falo também de Freud. Uso também muitos textos de autoajuda para reflexão.*

Essa educadora demonstra utilizar seus conhecimentos nas interações com os professores no sentido de lembrá-los da importância dos pressupostos dos pensadores, tendo em vista a carência afetiva dos estudantes, julgada por ela como elemento relevante na formação dos educandos e que, portanto, deve ser considerada no trabalho educativo. No trecho seguinte da resposta, a pedagoga considera importante utilizar textos de autoajuda, com o objetivo de levar os professores a refletirem sobre sua prática pedagógica. Vale lembrarmos, aqui, que a escola em que Fernanda atua está localizada em um bairro extremamente pobre, cujo perfil social configura-se pela violência e pelo tráfico de drogas, problemas econômico-sociais que afetam significativamente a vida da comunidade. Também precisamos considerar que a entrevistada demonstra recorrer à psicologia na tentativa de alcançar uma parceria com os professores, com a finalidade de minimizar os problemas de carência afetiva dos alunos que aparecem na escola. Embora ela permaneça no senso comum ao lançar mão de textos de autoajuda – no espaço escolar, por essência, o conhecimento científico deveria ter prioridade, principalmente no processo de formação e reflexão de seus educadores –, na verdade, parece haver uma busca de todos os elementos que possam auxiliar nas situações práticas, caracterizando, assim, uma ação eclética pautada por fontes de conhecimento e senso comum díspares.

A pedagoga Eliane, por sua vez, declara: "O conhecimento é importante, não pode faltar. É o que sustenta a prática. Precisa [ter] conhecimento para fazer uma boa prática. Eu procuro aliar uma coisa à outra". Seu posicionamento sobre o conhecimento não caracteriza uma concepção objetiva, mas indica uma preocupação em relacionar teoria e prática.

Da mesma forma, Simone se pronuncia da seguinte forma: "Nas falas, nas reuniões, a gente [sic] usa fundamentos teóricos para argumentar com os professores". Ela, no entanto, não expõe exemplos sobre quais argumentos de fundo teórico utiliza com os professores: "Agora não me vem na mente [algo] sobre isso, é sempre no momento, depende da necessidade". É interessante a forma como a pedagoga lida com a complexa relação entre as demandas práticas e o conhecimento. Embora não se lembre de nenhum caso concreto, a entrevistada afirma que, para cada situação, utiliza uma fonte distinta, assim como afirmou sua colega Fernanda. Dessa forma, sua prática pedagógica pauta-se no ecletismo de fontes e na ideia de que é válido servir-se de qualquer uma que atenda a determinada situação. Essa postura demonstra que ela não se apropriou, durante sua formação e em sua prática profissional, de um cabedal teórico coerente que guie sua ação prática ou que a oriente teoricamente sobre a educação escolar.

A pedagoga Regiane, comentando sobre as questões relacionadas ao seu fazer pedagógico e ao conhecimento aplicado, faz a seguinte declaração: "Uso pouco. O que se aplica é o conhecimento do dia a dia mesmo". Inferimos que tal "conhecimento do dia a dia" está relacionado às demandas diárias do andamento do trabalho escolar. Por outro lado, também pode significar a utilização eclética de fontes de acordo com as necessidades práticas diárias da escola, conforme vimos anteriormente. As decisões são tomadas conforme o atendimento dos eventos próprios do cotidiano escolar, que vão desde uma substituição de professores, passando pelo atendimento de pais ou alunos em diferentes situações, até a organização de documentos e questões burocráticas que não exigem preparo profissional ou científico. A experiência e o senso comum podem ser úteis e suficientes em atividades de demanda imediata, em situações que exigem uma resposta de curto prazo ou até mesmo em soluções paliativas. A questão é que parece que o mesmo traço vale para o tratamento das questões pedagógicas.

Se toda a ação do educador for pautada no senso comum, é possível que o trabalho educativo não seja efetivo ou reconhecido. Percebemos esse problema no relato da pedagoga Lucília sobre seu conhecimento no espaço escolar. Diz ela aplicar seu conhecimento "A partir do convencimento de que é importante estudar, que é preciso comprometimento. Defendo a transformação pela diferença que cada um faz e tem que fazer. A abordagem do aluno deve ser pela conquista".

Na concepção de Lucília, seu conhecimento como profissional pode contribuir por meio do inventivo aos alunos para que se comprometam com o estudo, de tal modo que cada um faça a diferença na sociedade contribuindo com sua parte. A transformação, sob essa perspectiva, seria uma conquista resultante da vontade dos sujeitos em formação escolar. O reducionismo, aqui representado na concepção da educadora sobre a contribuição de seu conhecimento profissional na formação escolar dos sujeitos, permite-nos uma reflexão a respeito da consciência do educador com base no pressuposto de que:

> *A preparação do educador é permanente e não se confunde com a aquisição de um tesouro de conhecimentos que lhe cabe transmitir a seus discípulos. [...] O educador deve ser o portador da consciência mais avançada de seu meio (conjuntamente com o filósofo, o sociólogo). Necessita possuir antes de tudo a noção crítica de seu papel, isto é, refletir sobre o significado de sua missão profissional, sobre as circunstâncias que a determinam e a influenciam, e sobre as finalidades de sua ação.* (Pinto, 1994, p. 48)

A fala da educadora Lucília reproduz a "consciência ingênua" que Pinto (1994) comenta. A reflexão sobre as finalidades da ação do educador incide sobre a urgência de reconhecermos os determinantes histórico-sociais como elementos que interferem no processo educativo, tanto na ação pedagógica quanto na formação dos sujeitos, baseando-nos em conhecimentos mais amplos, para que seu posicionamento profissional seja sustentado pela contínua busca de superação do senso comum.

Essa superação pode ser viabilizada pelos conhecimentos oriundos de diversas áreas do conhecimento, como podemos perceber no exemplo de Alice sobre sua formação: "Eu faço o curso de Ciências Sociais e [esse curso] me ajuda muito mais do que o curso de Pedagogia me ajudou, nesse sentido. Então aplico no trabalho muito do que aprendo em Ciências Sociais". Percebemos essa mesma concepção no depoimento de Patrícia: "Uso o conhecimento aplicando as psicologias sobre a formação humana". Pode-se compreender que os conhecimentos citados pelas pedagogas contribuem para a prática pedagógica por meio da ampliação da necessária e importante capacidade de interpretação científica da realidade e dos sujeitos.

A busca de superação do senso comum na ação cotidiana do educador pode significar a representação consciente sobre o ato de educar, uma vez que a realidade se transforma em consequência da transformação dos sujeitos. É nesse sentido que se expressa a entrevistada Priscila: "Em todas as ações deve ser transformado na práxis [sic]. Procuro em todas as minhas atitudes o meu conhecimento teórico. Porque a pessoa que diz que sabe, mas não age, não sabe". Também podemos observar essa preocupação nas declarações de Joana:

> *Quando preciso tomar uma decisão ou pensar [em] uma solução, então recorro ao conhecimento teórico. Por exemplo, ao analisar a fase da alfabetização [em] que a criança se encontra e decidir qual metodologia deve ser aplicada, então recorro a Piaget e Emília Ferreiro ou [a] Vygotsky. Em matemática, ao material da Montessori. E assim por diante.*

As pedagogas citadas fazem apontamentos distintos de uso do conhecimento teórico. Priscila indica uma ação com maior ênfase na relação práxica, transformadora; Joana, por sua vez, demonstra buscar apoio científico na lente teórica, voltada para os aspectos mais pontuais sobre a aprendizagem. As representações dessas pedagogas indicam a preocupação com a aplicação do conhecimento de forma distinta e conceitual na ação profissional, legitimando, assim, suas decisões no cotidiano.

Vale lembrarmos que as condições materiais e intelectuais no processo de atuação profissional são elementos determinantes das ações mediadoras no processo educativo. O reconhecimento das limitações presentes pode operar como instrumento oportuno na compreensão de que, se as ações cotidianas ocupam muito espaço no fazer profissional e educativo, elas geram uma separação entre o executor e a ação.

3.3
A invasão das ações cotidianas como fenômeno alienante na atuação profissional do pedagogo

As ações na vida cotidiana em toda e qualquer instituição social são práticas que se configuram pelas relações entre os sujeitos e suas objetivações sobre a realidade. Constituem-se das mesmas ações, gestos, dizeres e fazeres que se repetem.

O cotidiano escolar, especificamente, é representado pelas ações dos sujeitos que dele fazem parte, pelas interações e interação destes, pelos objetivos propostos para o trabalho educativo, por todos os elementos que compõem o espaço escolar e determinam o fazer dos sujeitos diante do conhecimento e de outras formas de manifestação social apresentadas. Assim,

> *Quando se adota o significado de cotidiano enquanto dia a dia, pode-se responder que a educação escolar é parte da vida cotidiana, do dia a dia dos indivíduos que frequentam a escola como alunos e também daqueles que nela trabalham,*

> como professores ou funcionários. Além disso, a escola, enquanto instituição, tem seu dia a dia, com suas rotinas próprias, com formas de relacionamento entre as pessoas, que vão se tornando habituais etc. Pode-se falar, então, na existência de um cotidiano escolar. (Duarte, 2007, p. 35)

O funcionamento do cotidiano escolar é organizado com base nas demandas configuradas pelas necessidades próprias das formalidades do processo educativo. Essas formalidades contam tanto com as ações planejadas quanto com as reproduzidas ao longo do tempo no espaço escolar e, assim, são incorporadas ao cotidiano. Podem ser praticadas mecânica e alienadamente, tendo em vista que apresentam os mesmos dizeres e os mesmos fazeres, os quais, por sua vez, pressupõem os mesmos resultados, ainda que em diferentes contextos e com dificuldade sujeitos. É importante assinalarmos aqui que nem todas as atividades cotidianas se referem à rotina e ao "fazer igual". Como nos ensina Heller (citada por Duarte, 2007, p. 34),

> É importante atentar para a diferença entre o conceito de cotidiano tal como ele é formulado por Heller e o mesmo termo com o significado de dia a dia, isto é, aquilo que ocorre diariamente. HELLER (1977, p. 21) [sic] mostrando que seu conceito de cotidiano não é sinônimo de dia a dia, dá como exemplo a atividade do escritor Thomas Mann que diariamente escrevia algumas páginas de seus livros. Para Heller essa atividade, ainda que realizada diariamente, não era uma atividade cotidiana.

Assim, podemos entender que mesmo as atividades desenvolvidas cotidianamente podem não apresentar um caráter repetitivo ou reprodutivo. Em outras palavras, podem ser proposições cujas apropriações se dão na esfera do conhecimento pela produção da arte, da filosofia, da ciência ou pelas objetivações "para-si".

Vale refletirmos, portanto, sobre a indicação de Guimarães (2002, p. 11), para quem "pensar o cotidiano [com base em] um prisma teórico implica descobrir o incomum no repetido". O incomum no repetido configura-se como a ação não cotidiana, que vai além daquelas comprometidas com a solução imediata ou paliativa, ou até mesmo da prática utilitária configurada pelo fazer aparentemente indiscutível.

Baseados nesse prisma, propomos analisar em que medida as ações cotidianas, no âmbito da repetição ou da prática utilitária, invadem o cotidiano profissional das pedagogas participantes deste estudo, refletindo sobre questões relativas não só a elas, mas também às ações não cotidianas do pedagogo na escola.

Inicialmente, vale destacarmos o que Libâneo (2010, p. 52, grifo do original) comenta sobre o perfil profissional do pedagogo:

> *Pedagogo é o profissional que atua em várias instâncias da prática educativa, direta ou indiretamente ligadas à organização e aos processos de transmissão e assimilação ativa de saberes e modos de ação, tendo em vista objetivos de formação humana definidos em sua contextualização histórica.* **Em outras palavras, pedagogo é um profissional que lida com fatos, estruturas, contextos, situações, referentes à prática educativa em suas várias modalidades e manifestações.**

A prática educativa do pedagogo no espaço escolar pode tanto ir além quanto permanecer aquém desse pressuposto. As atividades escolares do cotidiano demandam do pedagogo ações que podem ou não ser previstas pela sua formação e por sua função.

Assim, sobre o exercício profissional no cotidiano escolar das entrevistadas, iniciamos com o relato da pedagoga Gilda sobre sua prática cotidiana:

> *Na prática, a função do pedagogo seria realimentar o PPP[5], reorganizar o PPP com base no funcionamento da escola, acompanhar o rendimento dos alunos, implementar projetos, criar projetos que estejam de acordo com a realidade da escola. Também sou responsável pelos encaminhamentos pedagógicos dos alunos.*

---

5   Projeto político-pedagógico.

> *Mas muitas atribuições que estavam no edital do concurso que eu fiz para professor pedagogo do Estado em 2004, a gente [sic] acaba não fazendo porque não dá tempo. Por isso, não faço nada que não é cotidiano. É só rotina e cotidiano, as coisas do cotidiano. Falta professor, tenho que arrumar uma solução, atendimento aos pais, fazer listagens, são ações de rotina. Não acontece nada de novo.*

As atividades desenvolvidas pela entrevistada consistem em ações de demanda cotidiana, que se enquadram nas necessidades da rotina escolar e que precisam ser sanadas em curto prazo. A pedagoga enfatiza que as atividades desenvolvidas se reduzem ao cotidiano, cuja demanda determina o andamento do seu trabalho e, consequentemente, impede a ação não cotidiana – lembremos que, para a execução dessa ação, necessitamos da mobilidade em face dos aspectos educacionais que estejam essencialmente além das questões burocráticas e pedagógicas, tendo em vista a demanda educacional dos sujeitos em tempos e realidades distintas e social e historicamente organizadas. Cabe salientarmos que a ação não cotidiana no processo educativo traz implicações de reconhecimento sobre a globalidade da educação escolar. Portanto, vale o pressuposto de que o pedagogo é o mais indicado para as mediações educativas necessárias entre os sujeitos que fazem a escola em todos os segmentos.

Nesse contexto, a afirmação da pedagoga Gilda de que "Não acontece nada de novo" revela incompatibilidade com relação à ação educativa que se espera da escola, instituição essencialmente constituída para a formação educacional dos sujeitos, incluindo todos os que dela fazem parte. É possível perceber também a invasão das ações cotidianas de cunho burocrático, bem como daquelas voltadas para a supervisão do trabalho dos professores e do acompanhamento da aprendizagem dos estudantes na atividade de Fernanda, segundo a qual a sua função no cotidiano deve ser:

> *Apoiar o trabalho dos professores, atender às exigências da secretaria nas questões burocráticas relacionadas a documentos, reuniões e projetos desenvolvidos na escola. Acompanhar o desenvolvimento dos alunos, ajudar os professores nas*

horas-atividade. O que eu faço e que não faz parte do cotidiano: substituir professor, atender à biblioteca, por exemplo.

Com relação às atividades não cotidianas, a pedagoga entende tratar-se de atividades que não fazem parte da sua rotina, ou seja, atividades que não foram pensadas para o pedagogo executar, mas que, ocasionalmente, podem ocorrer, como a substituição de um trabalhador de determinado setor ou de um professor. No cotidiano, os comportamentos e as decisões vão acontecendo espontaneamente, sem necessidade de reflexão teórica, por exemplo. Nas situações em que o pedagogo deve substituir um professor ou bibliotecário, infere-se que seu trabalho fique em segundo plano. Deduz-se ainda que, se porventura faltar algum professor todos os dias, então o pedagogo trabalhará como substituto todos os dias, enquanto sua função fica à deriva. Essa situação está bem sintetizada por Guimarães (2002, p. 14, grifo do original) na afirmação a seguir: "O ESPONTANEÍSMO que está presente no comportamento do cotidiano diz respeito às ações não planejadas; elas se caracterizam pelo seu espontaneísmo e em decorrência daquele momento específico que está sendo vivido, sem considerar as consequências futuras".

Nessa mesma direção, Simone, outra entrevistada, manifesta seu pensamento sobre a atividade do pedagogo no cotidiano, afirmando:

> *O pedagogo deve fazer quase tudo. Porque o lema da escola é: a escola precisa funcionar. Se for preciso limpar o chão, deve limpar. A função de qualquer um dentro da escola é fazer com que a escola funcione. O pedagogo deveria acompanhar os professores, mas não tem tempo. Então, presta atendimento aos alunos quando têm indisciplina. Porque os professores deveriam mostrar quem manda na sala de aula, não podem perder a autoridade. Cuidar da coordenação pedagógica. Falar com os alunos sobre as notas. Coordenação geral. Saber sobre as avaliações.*

Simone afirma que cabe ao pedagogo fazer "quase tudo", tendo em vista o funcionamento escolar. Tal expressão sobre o funcionamento da escola revela que ela precisa manter sua engrenagem cotidiana em ação e harmonia. Implicitamente, o termo *funcionamento* pode indicar inclinações, isto é, ser tendencioso para a concepção de que a escola deve funcionar a qualquer custo. O que não fica claro é: que funcionamento é esse? Quais são os seus fins ou objetivos? Mais uma vez, pauta-se a ação profissional, e a da própria escola, no improviso. Nesse sentido, Guimarães (2002, p. 14) alerta sobre as qualidades da ação cotidiana:

> A opção é imediata, a vontade é satisfeita no ato, o comportamento é natural e espontâneo em oposição ao racional [sic] ao planejado, ao preventivo. Na linguagem popular "se faz e depois se vê o que acontece", "o que vale é o aqui e o agora", e, em função disso, os comportamentos são definidos, e as ações, gerenciadas.

A busca de soluções imediatas para problemas do aqui e agora pode se tornar uma prática cotidiana que toma muito do tempo de ação do pedagogo. Com isso, a ação educativa acaba relegada a segundo plano. A ideia de funcionamento adequado da escola, no cotidiano, faz parte também da concepção de Eliane, que atua em uma escola particular:

> O perfil da escola depende do perfil pedagógico da escola. O pedagogo deve ser estimulador e apoiador de alunos e professores para que a escola funcione adequadamente. Trabalho descontraído, mas intencional. Apoio aos alunos e professores ativamente no estímulo. O estímulo é o carro-chefe do trabalho do pedagogo na escola.

Entendemos, nas palavras da entrevistada, que o pedagogo deve ser o profissional cuja capacidade estimuladora mantenha em atividade os demais sujeitos da instituição para que, assim, o funcionamento da escola seja adequado. Depreendemos disso que, em primeiro plano, a atividade escolar bem estimulada deve garantir o funcionamento da escola cotidianamente.

Convém salientarmos que o bom funcionamento da escola é um elemento importante no cotidiano. Os vários segmentos que compõem a estrutura escolar e as relações entre eles exigem organização, disciplina, compromisso e dinamismo na resolução de problemas, entre outras demandas. Esses fenômenos, entretanto, podem ocupar excessivamente a atenção dos educadores em detrimento do objetivo maior: o processo educativo. E a excessiva atenção pode ser traduzida pelo envolvimento espontâneo e involuntário dos educadores com questões secundárias e determinações do cotidiano, em vez da práxis educativa como ação não cotidiana no cotidiano. É preciso entender de antemão que "Para que a práxis humana seja realizada é necessário, sim, que o pensamento capte a realidade nas suas múltiplas determinações conhecendo-a, mas não para conciliar-se com ela e sim para TRANSFORMÁ-LA" (Oliveira, 1996, p. 9, grifo do original).

A possibilidade de ação não cotidiana no cotidiano por meio da práxis exige conhecermos a realidade e suas implicações para, com base nisso prevermos a criação de novas possibilidades e referenciais de ação, superando a alienação imposta pelo eco dos mesmos fazeres, os quais são explicitados por Regiane quando comenta sobre sua atividade cotidiana na escola:

> *É o atendimento de alunos, de pais, atividades burocráticas e substituição de professores que faltam. As atividades que não são do cotidiano são as reuniões pedagógicas, os projetos pensados sobre drogas, gravidez na adolescência; são as ações voltadas para os problemas sociais. São projetos pensados desde o início do ano pela equipe pedagógica.*

É possível percebermos na expressão da entrevistada que ela entende que, além das atividades corriqueiras do dia a dia, a ação não cotidiana mantém uma relação direta com a busca de soluções ou medidas educacionais para problemas de cunho social, que interferem de algum modo na vida escolar dos estudantes.

A problemática que envolve os aspectos sociais da vida dos estudantes e que interfere na escola como fenômeno do cotidiano é vista também pela pedagoga Alice como uma ocorrência não cotidiana, ou seja, essa entrevistada entende que os problemas externos que afetam o cotidiano escolar caracterizam a ação não cotidiana. Alice descreve sua ação no cotidiano, assim:

> Atendimento aos alunos em diversas questões, como encaminhar para o laboratório de informática atender, quando estão doentes, fazer contato com os pais para liberação ou não de alunos no horário de aula. O trabalho do pedagogo é em todo tempo interrompido por alunos, professores que precisam de atendimento para situações específicas. Também temos que preencher formulários no sistema, fazer acompanhamento e controle de evasão, intervir junto aos professores por causa da indisciplina, de brigas, entre outras ocorrências do dia a dia. Não tenho uma função específica. O que foge do cotidiano são as brigas dos alunos fora do colégio e a intervenção da polícia. Isso é muito interessante. Os alunos brigam fora da escola e os pais querem que a escola responda. Os professores querem que a polícia resolva problemas de indisciplina. Os pais invadem a escola. São problemas de fora que interferem na escola.

O pedagogo acaba assumindo multitarefas do dia a dia, que, em sua maioria, estão relacionadas apenas às atividades cotidianas, as quais se reduzem às questões de ordem burocrática, aos conflitos causados pela indisciplina, entre outros. As ações priorizadas no cotidiano podem levar à alienação do educador, uma vez que este se sente no dever de assumir tarefas que não estão diretamente relacionadas à sua função ou à sua formação profissional. Assim, ele age na cotidianidade espontânea e intuitivamente. Sobre isso, Kosik (2002, p. 80) enfatiza: "Na cotidianidade a atividade e o modo de viver se transformam em um instintivo, subconsciente e inconsciente, irrefletido mecanismo de ação e de vida". O mecanismo de ação intuitiva, no cotidiano do pedagogo, oculta a possibilidade de reflexão, o que implicaria estranheza quanto à essência dos fenômenos da realidade, uma vez que apenas a aparência desta é revelada.

A descontinuidade e a fragmentação das ações cotidianas podem obstaculizar a ação consciente e não cotidiana. Lucília contribui com a nossa reflexão sobre isso ao expressar-se sobre sua atuação pedagógica no cotidiano:

Meu trabalho técnico-pedagógico é o acompanhamento de docentes, abertura de turmas, critério de número de alunos, atendimento aos pais, organização do espaço escolar. É um trabalho em equipe. As decisões são coletivas. Organizador e acompanhamento do trabalho escolar. Acompanhamento na distribuição de aulas. Coordenador da biblioteca para compra de livros depois de levantar com os professores as necessidades específicas. O pedagogo não tem autonomia para desenvolver ações que não fazem parte do cotidiano. O pedagogo tem muita rotatividade, não fica muito tempo na mesma escola. Não é possível desenvolver atividades que não são as propostas pelo sistema. E, quando tem alguma coisa de diferente, como o PDE[6] interativo, por exemplo, não há interesse. Os professores não demonstram interesse. Gostaria de ter um grupo de estudo dentro da escola, mas não é possível. Gostaria de trabalhar mais com os professores em atividade de estudo e interação, mas é muito grande a ocorrência de faltas dos professores.

Na exposição de Lucília, podemos perceber que as ações cotidianas estão em grande medida no nível da organização e da burocracia. Não há um processo de continuidade; as ações são estanques e não contêm elementos educativos de caráter transformador. Embora a pedagoga demonstre sua preocupação com a formação de um grupo de estudo e com a falta de autonomia do pedagogo no processo educativo escolar, percebemos que as demais ações se dão na esfera do cotidiano. Ela declara também que a rotatividade do pedagogo na escola dificulta que esse profissional crie vínculos e conheça a realidade, aspectos necessários para que o profissional possa agir de forma mais efetiva. Inferimos, com isso, que as políticas públicas de contratação e distribuição dos campos de trabalho, por seu formato, contribuem significativamente na configuração do cotidiano dos educadores, impondo limitações que, somadas a outros fatores, podem dificultar a aplicação de novas propostas, decorrendo daí a permanência de uma ação alienada.

---

6 Programa de Desenvolvimento Educacional.

Nesse mesmo esquema de ação cotidiana, Patrícia, outra entrevistada, afirma:

> *No edital do concurso temos muitas funções, mas no dia a dia não existe uma rotina. O que a gente [sic] procura é dar suporte para o professor. Eu cobro muito dos professores que não me passem alunos por indisciplina, mas por problemas de aprendizagem. Os professores são muito mal formados e precisam de suporte na área pedagógica. Porque nas licenciaturas não se preocupam com a formação humana. Faltam nas licenciaturas as psicologias sobre a formação humana. Então a função do pedagogo em maior escala é dar suporte para os professores. Falta ética entre os professores. Temos iniciação científica de alunos com professores da [ela cita o nome da universidade em que estudou]. É a outra pedagoga que dá suporte para este trabalho. Os professores PDE fazem a aplicação prática do estudo deles. Temos uma participação expressiva dos professores neste sentido, envolvendo professores e alunos. Existe uma equipe multidisciplinar na escola que trabalha sobre a consciência negra; este ano foi feita uma pesquisa sobre a cultura afro, cujo nome é Filtro dos Sonhos, feito [sic] pela professora de Artes. A professora de Matemática faz um projeto de jogos matemáticos.*

Percebemos que o cotidiano de ação de Patrícia centraliza-se no apoio aos professores, principalmente nas questões relativas à aprendizagem. Segundo a educadora, falta aos professores não só conhecimento na área da psicologia, mas também formação humana, o que seria uma deficiência dos cursos de Licenciatura. Portanto, no cotidiano, o pedagogo deve dar esse suporte aos professores nesse sentido. A entrevistada expõe sobre o trabalho de iniciação científica de que alguns alunos participam, bem como sobre outros projetos desenvolvidos por alguns professores, mas não menciona de forma objetiva sobre a sua participação nesses processos.

Para Joana, pedagoga de escola particular,

> *O pedagogo deve ajudar os professores nas questões didáticas, metodológicas e pedagógicas. Deve orientar os professores que têm alguma dificuldade, sugerir atividades, discutir metodologias, supervisionar o trabalho dos professores, fazer horários, agendamento de atividades extraclasse, conversar com os pais sobre*

problemas com alunos, acompanhar o processo de avaliação dos alunos, fazer todo trabalho de suporte para o bom funcionamento da escola no que diz respeito às questões didáticas e pedagógicas, principalmente. As adversidades são resolvidas pela diretora. É ela também que determina minhas funções.

Em seu cotidiano, Joana realiza o desenvolvimento de atividades bem direcionadas no âmbito da organização escolar como instituição de propagação do conhecimento. Em outras palavras, no cotidiano, ela ocupa-se integralmente com as demandas de ordem didática e pedagógica, pela perspectiva da formação escolar promovida por uma escola que, do ponto de vista da educadora, funciona pelo cumprimento daquilo que propõe.

Para a pedagoga Priscila, o cotidiano do pedagogo, além das ações voltadas para o processo didático-pedagógico, oportuniza a expressão de convicções que enfatizam a função política desse profissional na escola pública. Segundo a entrevistada, no dia a dia, a função do pedagogo é

[...] acompanhar o desenvolvimento das práticas educativas da efetivação do currículo, que estejam de acordo com os fundamentos filosóficos e sociológicos da educação que se deseja construir no espaço escolar, porque vai falar da avaliação, do PPP e de toda a parte didático-pedagógica. O pedagogo tem que lutar por uma emancipação política na escola pública. Os demais professores são técnicos, e os cursos não dão suporte para ser professor. É a tentativa de buscar o aluno para a sala de aula, procurar garantir o direito do aluno de aprender, porque o aluno é trabalhador e proporcionar ao aluno o entendimento desse direito. O momento mais propício para falar com os professores é o conselho de classe. Os professores são sujeitos do cotidiano. Hoje vivemos um pós-modernismo [sic] que interfere no pensamento dos professores, dos educadores, e representam [sic] o status burguês com mente pequena e de ouvir o pedagogo falar. Minha ação não cotidiana é lutar pelo direito do aluno da escola pública. Eu sou uma "gladiadora" pela escola pública.

O pedagogo, na concepção da educadora, deve atuar politicamente na luta pela emancipação da escola pública cotidianamente. A militância da educadora reflete um posicionamento crítico e político sobre a educação, que pode representar uma ação não cotidiana a partir do referencial do cotidiano, da realidade escolar dada. O diferencial está na leitura e na interpretação dessa realidade, que permitem identificar as necessidades reais dos sujeitos, as quais vão além da inserção social por meio do conhecimento.

Inferimos que a emancipação da escola pública relaciona-se à mobilidade na luta pela conquista de autonomia diante dos imperativos de uma realidade contraditória em relação aos interesses da comunidade menos favorecida. Essa margem de movimento pode possibilitar aos sujeitos maior participação no processo de formação, possibilitando a valorização humana, antes da capacitação profissional e da formação para a competitividade.

O pressuposto, nesse sentido, é o de que a escola pode se tornar um espaço oportuno, em que as proposições formativas vão ao encontro das demandas sociopolíticas da comunidade, vislumbrando a humanização dos sujeitos. Esse fenômeno exige que os educadores revejam suas concepções sobre qual é e como se apresenta a função da escola. A inferência aqui permite compreendermos que a emancipação dos sujeitos demanda conhecimento da realidade para buscarmos sua transformação. Podemos entender que o processo de transformação está diretamente relacionado ao processo de superação. Na próxima seção, abordaremos alguns aspectos a serem superados na ação dos educadores.

3.4
A prática pedagógica e a superação da cotidianidade, do *ecletismo* e da falsa dualidade *teoria-prática*

As representações nos discursos das pedagogas entrevistadas em nossa pesquisa permitem-nos trazer uma reflexão sobre a prática pedagógica e a necessidade de superarmos a cotidianidade, o ecletismo teórico e a falsa dualidade entre a teoria e a prática.

Inicialmente, consideramos importante fazer alguns apontamentos sobre os elementos que compõem o cotidiano escolar, como sua organização no tempo e no espaço e seu contexto de intervenção por meio da prática pedagógica. Penin (1995, p. 58) afirma que "estabelecidos os 'tempos escolares', é através deles que a prática pedagógica se firma e os processos são desenvolvidos". Os elementos do mecanismo escolar constituem-se pelo tempo, pelo ritmo das atividades desenvolvidas ao longo desse tempo, pela organização burocrática, pelo planejamento, pela fragmentação, bem como por elementos relacionados aos problemas educacionais que podem passar despercebidos como objetos de reflexão.

São os elementos da cotidianidade relacionados à organização escolar que inevitavelmente interferem na prática pedagógica. Afinal, como nos diz Kosik (2002, p. 79), "Todo modo de existência humana ou modo de existir no mundo possui sua própria cotidianidade [...]".

Penin (1995), apoiado em Lefebvre, faz uma análise sobre a vida cotidiana, o cotidiano e a cotidianidade em três momentos históricos. No primeiro momento (século XIX), a vida cotidiana permanecia impregnada de valores, ritos e mitos. A produção se constituía pela caracterização da repetição e da homogeneização. Segundo Penin (1995, p. 18), "existiam mais 'obras' do que produtos, inclusive obras coletivas: monumentos e festas". Num segundo momento, no início do século XX, com o capitalismo competitivo, a obra desapareceu, dando lugar ao produto comercializado e à cumulatividade com o crescimento das forças produtivas. Era a consolidação do cotidiano com a entrada da vida cotidiana na Modernidade:

> Em suas análises mais recentes, Lefebvre afirma que a modernidade, que teve seu início no começo do século XX, cessa por volta de 1980, quando a civilização ocidental entrou no terceiro momento de sua classificação (Lefebvre, 1981, III). Nesse terceiro momento, que atualmente Lefebvre denomina "modernismo" [...], o cotidiano passa a ser objeto de programação, cujo desenvolvimento é comandado pelo mercado, pelo sistema de equivalência, pelo marketing e pela publicidade. Neste período, a ideologia da modernidade é suplantada, ficando, no seu lugar a prática tecnológica própria do modernismo. Dá-se a instalação e consolidação da **cotidianidade**, que mostrará como o cotidiano se cristaliza. (Penin, 1995, p. 19, grifo do original)

Os momentos históricos de consolidação da vida cotidiana apontados na obra de Lefebvre (citado por Penin, 1995) são permeados pelos fenômenos políticos e econômicos da organização social da vida do ser humano. Os interesses e as ideologias próprios de cada momento histórico definem a configuração do cotidiano.

Podemos entender a cristalização do cotidiano pela cotidianidade da programação da vida dos sujeitos nas diferentes esferas da vida, das quais a escola não fica de fora e, por isso, é importante refletirmos sobre a contradição entre a função formativa da escola e sua acomodação às imposições da cotidianidade. Uma situação é a vida cotidiana da escola em relação à organização estrutural e burocrática, como documentação, distribuição de atividades no período escolar, horários etc. Outra situação distinta são as ações educativas e pedagógicas na cotidianidade.

A prática pedagógica, por sua representatividade e importância, requer atitude política e crítica diante das imposições da cotidianidade. O educador, ao não conceber a necessidade de superação de tais imposições, pode tornar-se refém do cotidiano, agindo apenas intuitivamente, desconhecendo que: "O pedagógico refere-se a finalidades da ação educativa, implicando objetivos sociopolíticos a partir dos quais se estabelecem formas organizativas e metodológicas da ação educativa [...]" (Libâneo, 2010, p. 30).

Para o cumprimento ou o alcance das finalidades da ação educativa, consideramos necessária a compreensão sobre a atividade práxica da prática pedagógica, como aponta Ribeiro (2001, p. 7), ao afirmar que, "sem o domínio da categoria práxis, a compreensão da prática humana geral ficaria apenas restrita à sua dimensão prático-utilitária". A dimensão prático-utilitária pode manter uma relação de muita proximidade com a atividade cotidiana da prática pedagógica, tendo em vista as necessidades que surgem no cotidiano de maneira oportuna. Tal proximidade pode incorrer na dificuldade de interpretarmos as necessidades de ação práxica na educação dos sujeitos – educador e educando –, superando os limites da cotidianidade.

> O homem comum e corrente, enredado no mundo de interesses e necessidades da cotidianidade, não ascende a uma verdadeira consciência da práxis capaz de ultrapassar os limites estreitos de sua atividade prática para percebê-la, sobretudo em algumas de suas formas – o trabalho, a atividade política, etc [...]. Ou seja, não consegue ver até que ponto, com seus atos práticos, está contribuindo para escrever a história humana – como processo de criação e autocriação do homem – nem pode compreender até que grau a práxis necessita da teoria, ou até que ponto sua atividade prática se insere numa práxis humana social, o que faz com que seus atos individuais influam nos dos demais, assim como, por sua vez, os destes se reflitam em sua própria atividade. (Vázquez, 1968, p. 15)

Assim, entenderemos que o papel do educador, representado por sua prática pedagógica, deve sempre superar a ação ensinante em função da ação educativa, simultânea e democraticamente em combate ao conformismo e às ações mecânicas ou paliativas da cotidianidade, seguindo na direção das possibilidades de superação continuamente. Guimarães (2002,

p. 49) afirma que essa perspectiva figura o momento em que "o sujeito pode escolher os caminhos e fazer sua própria história". Podemos entender que "Faz-se, [sic] necessário olhar para o dia a dia de forma crítica e profunda, para que dele se tenha um profundo conhecimento e reconhecimento de seus múltiplos significados e sinais. É preciso encontrar as brechas da cotidianidade para sua superação" (Guimarães, 2002, p. 49).

A subordinação da prática pedagógica à cotidianidade ignora a relação da ação educativa com a formação dos sujeitos e a necessária mediação do educador entre o estudante e a realidade. Para Gramsci (citado por Jesus, 2005, p. 79),

> *A educação exige um mestre que se imponha como mestre, ou seja, que não apenas ensina, mas que, antes de tudo, representa a consciência crítica da sociedade. O verdadeiro mestre deve assumir a mediação entre a sociedade e o jovem. Para isso é preciso estimular o processo de evolução da personalidade do jovem em busca de sua autonomia social.*

A mediação entre o educando e a sociedade, na construção da autonomia social de ambos, deve ser realizada pelo educador por meio de posicionamentos mais abrangentes no processo de formação. Tal abrangência envolve elementos de superação de ações vazias. Estas podem ser caracterizadas pela mera transmissão de informações na cotidianidade das ações pedagógicas, e sua representatividade não reflete a consciência crítica do educador nem contribui de maneira consistente e estimulante no processo de evolução da formação crítica do educando. A intervenção no processo educativo, com vistas à superação da cotidianidade alienada, demanda do educador conhecimento, criticidade e discernimento teórico. Esse discernimento teórico contribui para a superação do ecletismo ingênuo presente nas expressões de muitos educadores.

É oportuno a refletirmos sobre o ecletismo praticado, segundo Tonet (2015, p. 2), "sem o cuidado de verificar com rigor a compatibilidade de ideias e paradigmas diferentes [...]", na articulação do pensamento de diferentes autores e mesmo nos discursos pedagógicos dos profissionais da educação.

Na educação, o ecletismo pode tornar a prática pedagógica uma atividade inconsistente, presa às demandas dos problemas educacionais, fragmentada, isolada e superficial. Essa atividade se configura pela incoerência entre os suportes teóricos que a orientam e que servem como instrumento de leitura e compreensão da realidade. Sobre isso, Triviños (1987, p. 15) afirma que "Confusamente nos movimentamos dominados por um ecleticismo que revela, ao contrário do que se pretende, nossa informação indisciplinada e nossa fraqueza intelectual". Os fragmentos de concepções ou de correntes teóricas presentes nas afirmações dos educadores, que são a base de sua prática pedagógica, podem incorrer em contradição, pois não caracterizam uma prática consciente, alicerçada em um conhecimento cujas partes, conectadas, um todo harmonioso e coerente.

O ecletismo descontextualizado que fundamenta a atividade cotidiana do processo educativo deve-se a uma miscelânea teórica cujas razões são explicadas a seguir:

> *As razões que explicam esta falta de disciplina em nosso trabalho espiritual são de natureza múltipla. Mas, fundamentalmente, elas são de origem histórica e têm-se manifestado de diferentes modos. Primeiro, a nossa formação profissional foi submetida a um processo unilateral de informação cultural, sonegando-lhe ampla faixa de ideias. Sendo assim, o limitado desenvolvimento do espírito crítico, por outro lado, acostumado a transitar sempre ao longo de uma mesma estrada, ajudou a fechar as janelas que impediram a entrada de ar inovador ou diferente. Segundo, a dependência cultural em que vivemos, terrivelmente castrante, e da qual é muito difícil fugir, não só por preguiça e esnobismo, mas, sobretudo, porque o meio exige, para sobreviver, falar a linguagem do centro propagador da cultura, ciência e técnica.* (Triviños, 1987, p. 15-16)

Nessa perspectiva, o ecletismo do educador pode ser visto como um fenômeno resultante de uma formação profissional em que o senso crítico não foi despertado como ferramenta necessária para a compreensão dos diferentes aportes teóricos, suas origens históricas e as ideologias que os sustentam. Acrescentamos a isso também a acomodação ao sistema vigente, por razões diversas, como a sobrevivência, o pouco conhecimento, a falta de interesse e a falta de tempo – esta última decorrente, muitas vezes, da dificuldade de organização e de disciplina na vida cotidiana e suas prioridades.

A presença do ecletismo na ação dos educadores pode ser reflexo da fragilidade conceitual desses profissionais, bem como da sua submissão e dependência ao meio cultural e à inconsistência teórica do próprio conhecimento. O ecleticismo constitui-se como um sintoma dessa inconsistência ou superficialidade do conhecimento do educador, e não como a causa desse fenômeno. Pode ser visto também como representação de um conhecimento fragmentado, cuja origem encontra-se na formação profissional e na concepção ingênua acerca do processo pedagógico e educativo.

É possível também que o educador não tenha o conhecimento necessário sobre as diferentes perspectivas teóricas e seus objetivos de explicação da realidade. Por outro lado, reconhecemos também que um conhecimento aprofundado sobre todas as perspectivas teóricas não é possível. Assim, deve haver conhecimento e bom senso profissional para que, nas posturas adotadas diante do processo educativo, não haja confusão por falta de discernimento sobre as contradições e os desacordos teóricos.

Dessa forma, a manifestação eclética está estreitamente relacionada à indisciplina intelectual. Segundo Triviños (1987, p. 16), tal indisciplina "impede-nos de distinguir a verdadeira natureza dos problemas". Isso incorre numa situação de maior complexidade na ação cotidiana, inviabilizando a ação não cotidiana.

> *Isso significa que não sabemos reconhecer os tipos de interrogativas que enfrentamos. E assim é possível que consideremos "problemas essenciais" simples "questões secundárias" e percamos nossos esforços inutilmente, atacando assuntos superficiais. Entretanto, mantemos intocáveis os tópicos que deviam consumir nossas energias.* (Triviños, 1987, p. 16)

Esse problema nos convida à reflexão sobre as interrogativas enfrentadas e à identificação de problemas essenciais que merecem nossa atenção. A dificuldade para esse reconhecimento pode estar relacionada à atividade intelectual reduzida pela visão eclética acerca das respostas encontradas e que, supostamente, explicam a realidade ou podem ser a solução para determinados problemas. O posicionamento eclético quanto aos pressupostos teóricos revela a intenção de se buscarem soluções para questões do cotidiano. No entanto, a falta de discernimento teórico, bem como a miscelânea teórica, não trazem respostas consistentes; consequentemente, as ações se dão no vazio, resultado de concepções equivocadas na interpretação dos fenômenos.

A superação do ecletismo pode manter relação direta com a compreensão sobre a atividade humana como práxis. A ação práxica incorpora teoria e prática num processo dialético em que uma não se consolida sem a outra. Em outras palavras, por meio do conhecimento e do discernimento teórico, a compreensão sobre os fundamentos da realidade e da existência humana se torna mais consistente, podendo proporcionar ao educador outras perspectivas de interpretação dos fenômenos que permeiem o cotidiano escolar, bem como a origem de suas problemáticas pela compreensão do ser e da sua constituição social na realidade dada. Segundo Kosik (1976, p. 225, grifo do original): "Na PRÁXIS se realiza a ABERTURA do homem para a realidade em geral. No processo ontocriativo da PRÁXIS humana se baseiam as possibilidades de uma ontologia, isto é, de uma compreensão do ser". Assim, entende-se que, ontologicamente, as ações práxicas são ações em que não há separação entre o ser e sua prática, entre o pensar e o agir, como relação dialética em que não há estranheza.

Nessa perspectiva, Kosik (1976, p. 227) ainda afirma que "A compreensão das coisas e do seu ser, do mundo nos fenômenos particulares e na totalidade, é possível para o homem na base da abertura que eclode na práxis". A demanda desse processo exige-nos compreensão do ser humano como sujeito de uma totalidade cujos fenômenos mantêm relação entre si e, portanto, não podem ser compreendidos de forma estanque.

É fundamental a reflexão sobre a necessidade de compreendermos pressupostos teóricos e práticos implícitos nas concepções adotadas, muitas vezes presentes na expressão dos educadores, os quais, frequentemente, por falta de discernimento, pensam e agem ingenuamente, enquanto no processo educativo prevalecem as ações reduzidas ao cotidiano e a suas demandas.

Entendemos, portanto, que a superação da cotidianidade, do ecletismo e da dualidade teórica-prática implica uma constante revisão conceitual, por parte do pedagogo, acerca das questões que norteiam sua prática. Tal superação também demanda reflexão sobre os elementos constitutivos da ação pedagógica e educativa, considerando-se os condicionantes sociais e hegemônicos que interferem nela.

Vale afimarmos que a reflexão com o objetivo de buscarmos superação deve ser subsidiada por elementos que contribuam para a criação contínua de alternativas por meio do conhecimento, num processo de rompimento com práticas alienadas e orientadas pelo senso comum.

Considerações finais

> *Quando o indivíduo não consegue dirigir conscientemente sua vida como um todo, incluída como parte desse todo a vida cotidiana, o que acontece é que sua vida como um todo passa a ser dirigida pela vida cotidiana.* (Duarte, 2007, p. 39)

Historicamente, o senso comum diz que o pedagogo é o profissional preparado para dar suporte didático e pedagógico nas situações que envolvem as diferentes esferas do processo de ensino e aprendizagem. Na tentativa de compreender melhor tal concepção, elaboramos, neste livro, uma revisão teórica sobre o curso de Pedagogia no Brasil desde sua instituição, em 1939, até as Diretrizes Curriculares Nacionais para o curso de graduação em Pedagogia, em 2006.

Foi garimpando elementos que contribuíssem para a reflexão sobre a atuação do pedagogo na escola, sem cair em ecletismo teórico, que esta obra nos possibilitou avançar na compreensão da ação desse profissional no ambiente escolar e, logo, encontrar trilhas de superação de uma ação pautada centralmente na cotidianidade.

Nesse sentido, a reflexão filosófica sobre os fenômenos que configuram a vida cotidiana pelas ações do ser humano, tendo em vista seu desenvolvimento histórico e social e suas objetivações genéricas sobre a realidade, contribuiu para discutirmos as esferas da cotidianidade e da não cotidianidade na ação do pedagogo na escola.

A pesquisa de campo que abordamos neste livro, por sua vez, procurou buscar, por meio das entrevistas, elementos que configurem a prática pedagógica das pedagogas no cotidiano de seu exercício profissional, com base em sua formação e em suas concepções acerca do processo educativo, bem como em atividades concernentes a sua função.

A proposição desse livro não é idealizar o cotidiano escolar, tampouco o pedagogo, mas refletir sobre a materialidade da função dele na cotidianidade, vislumbrando as possibilidades de sua ação não cotidiana, pela práxis, e compreendendo o processo educativo em sua essência humanizadora, histórica e dialética.

Os limites, os desafios e as possibilidades em torno da ação educativa indicam a necessidade de continuidade na busca de respostas aos problemas que permanecem e aos que surgirem em torno da função do pedagogo na escola, considerando as condições históricas possíveis. É um processo de superação contínua, em favor do processo de formação do homem, como sujeito participante de seu desenvolvimento, operando social e politicamente de forma consciente e humanizada, numa perspectiva em que as possibilidades de formação e transformação estendem-se a todos os envolvidos no processo educativo.

Referências

ANDRÉ, M.; FAZENDA, I. Proposta preliminar para as disciplinas Didática/ Prática de Ensino e Estágio. São Paulo: SE/CENP, 1991.

ANFOPE – Associação Nacional pela Formação dos Profissionais da Educação. Estatuto de 2009. In: SEMINÁRIO NACIONAL DA ANFOPE. 8., 2009, Campinas. Anais... Disponível em: <http://www.gppege.org.br/home/secao.asp?id_secao=38&id_unidade=1>. Acesso em: 25 maio 2015.

_____. Políticas de formação e valorização dos profissionais da educação: PNE, sistema nacional na Conae/2014 e fóruns permanentes de apoio à formação docente. In: ENCONTRO NACIONAL DA ANFOPE, 16., 2012, Brasília. Anais... Disponível em: <http://www.gppege.org.br/home/secao.asp?id_secao=186&id_unidade=1>. Acesso em: 25 maio 2015.

ARANHA, M. L. A. História da educação e da pedagogia: geral e do Brasil. 3. ed. São Paulo: Moderna, 2006.

BORGES, M. C.; AQUINO, O. F.; PUENTES, R. V. Formação de professores no Brasil: história, políticas e perspectivas. Revista HISTEDBR On-line, Campinas, n. 42, p. 94-112, jun. 2011. Disponível em: <http://www.histedbr.fe.unicamp.br/revista/edicoes/42/art06_42.pdf>. Acesso em: 25 maio 2015.

BOTTOMORE, T. Dicionário do pensamento marxista. Rio de Janeiro: Zahar, 1988.

BRASIL. Decreto-Lei n. 1.190, de 4 de abril de 1939. Diário Oficial da União, Poder Executivo, Brasília, DF, 6 abr. 1939. Disponível em: <http://www2.camara.leg.br/legin/fed/declei/1930-1939/decreto-lei-1190-4-abril-1939-349241-publicacaooriginal-1-pe.html>. Acesso em: 25 maio 2015.

_____. Lei n. 4.024, de 20 de dezembro de 1961. Diário Oficial da União, Poder Legislativo, Brasília, DF, 27 dez. 1961. Disponível em: <http://www.planalto.gov.br/ccivil_03/leis/l4024.htm>. Acesso em: 25 maio 2015.

_____. Lei n. 5.540, de 28 de novembro de 1968. Diário Oficial da União, Poder Legislativo, Brasília, DF, 28 nov. 1968. Disponível em: <http://www.planalto.gov.br/ccivil_03/leis/l5540.htm>. Acesso em: 25 maio 2015.

_____. Lei n. 5.692, de 11 de agosto de 1971. Diário Oficial da União, Poder Legislativo, Brasília, DF, 12 ago. 1971. Disponível em: <http://www010.dataprev.gov.br/sislex/paginas/42/1971/5692.htm>. Acesso em: 25 maio 2015.

_____. Lei n. 9.394, de 20 de dezembro de 1996. Diário Oficial da União, Poder Legislativo, Brasília, DF, 23 dez. 1996. Disponível em: <http://www.planalto.gov.br/ccivil_03/leis/l9394.htm>. Acesso em: 25 maio 2015.

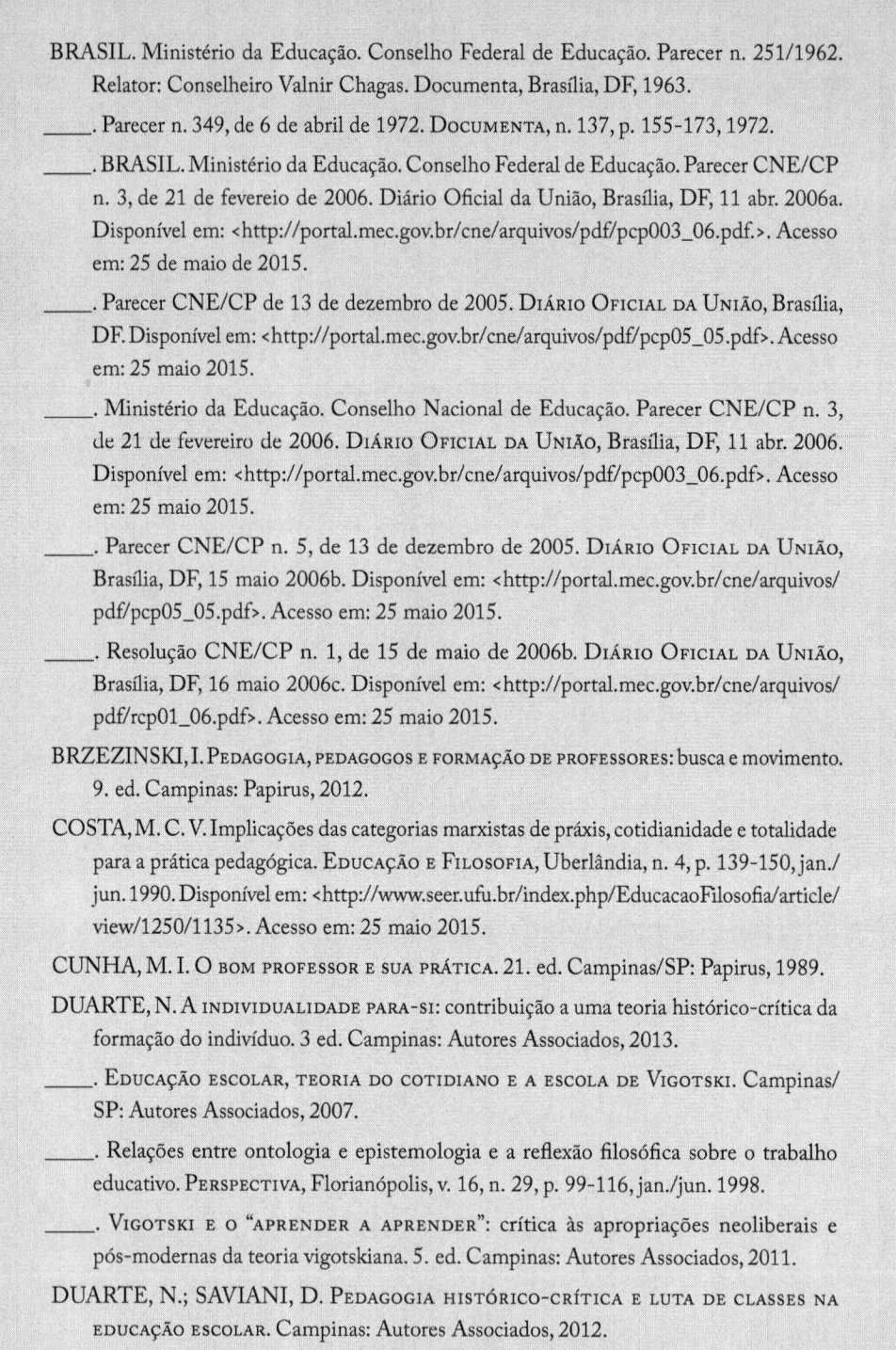

BRASIL. Ministério da Educação. Conselho Federal de Educação. Parecer n. 251/1962. Relator: Conselheiro Valnir Chagas. Documenta, Brasília, DF, 1963.

_____. Parecer n. 349, de 6 de abril de 1972. DOCUMENTA, n. 137, p. 155-173, 1972.

_____. BRASIL. Ministério da Educação. Conselho Federal de Educação. Parecer CNE/CP n. 3, de 21 de fevereio de 2006. Diário Oficial da União, Brasília, DF, 11 abr. 2006a. Disponível em: <http://portal.mec.gov.br/cne/arquivos/pdf/pcp003_06.pdf.>. Acesso em: 25 de maio de 2015.

_____. Parecer CNE/CP de 13 de dezembro de 2005. DIÁRIO OFICIAL DA UNIÃO, Brasília, DF. Disponível em: <http://portal.mec.gov.br/cne/arquivos/pdf/pcp05_05.pdf>. Acesso em: 25 maio 2015.

_____. Ministério da Educação. Conselho Nacional de Educação. Parecer CNE/CP n. 3, de 21 de fevereiro de 2006. DIÁRIO OFICIAL DA UNIÃO, Brasília, DF, 11 abr. 2006. Disponível em: <http://portal.mec.gov.br/cne/arquivos/pdf/pcp003_06.pdf>. Acesso em: 25 maio 2015.

_____. Parecer CNE/CP n. 5, de 13 de dezembro de 2005. DIÁRIO OFICIAL DA UNIÃO, Brasília, DF, 15 maio 2006b. Disponível em: <http://portal.mec.gov.br/cne/arquivos/pdf/pcp05_05.pdf>. Acesso em: 25 maio 2015.

_____. Resolução CNE/CP n. 1, de 15 de maio de 2006b. DIÁRIO OFICIAL DA UNIÃO, Brasília, DF, 16 maio 2006c. Disponível em: <http://portal.mec.gov.br/cne/arquivos/pdf/rcp01_06.pdf>. Acesso em: 25 maio 2015.

BRZEZINSKI, I. PEDAGOGIA, PEDAGOGOS E FORMAÇÃO DE PROFESSORES: busca e movimento. 9. ed. Campinas: Papirus, 2012.

COSTA, M. C. V. Implicações das categorias marxistas de práxis, cotidianidade e totalidade para a prática pedagógica. EDUCAÇÃO E FILOSOFIA, Uberlândia, n. 4, p. 139-150, jan./jun. 1990. Disponível em: <http://www.seer.ufu.br/index.php/EducacaoFilosofia/article/view/1250/1135>. Acesso em: 25 maio 2015.

CUNHA, M. I. O BOM PROFESSOR E SUA PRÁTICA. 21. ed. Campinas/SP: Papirus, 1989.

DUARTE, N. A INDIVIDUALIDADE PARA-SI: contribuição a uma teoria histórico-crítica da formação do indivíduo. 3 ed. Campinas: Autores Associados, 2013.

_____. EDUCAÇÃO ESCOLAR, TEORIA DO COTIDIANO E A ESCOLA DE VIGOTSKI. Campinas/SP: Autores Associados, 2007.

_____. Relações entre ontologia e epistemologia e a reflexão filosófica sobre o trabalho educativo. PERSPECTIVA, Florianópolis, v. 16, n. 29, p. 99-116, jan./jun. 1998.

_____. VIGOTSKI E O "APRENDER A APRENDER": crítica às apropriações neoliberais e pós-modernas da teoria vigotskiana. 5. ed. Campinas: Autores Associados, 2011.

DUARTE, N.; SAVIANI, D. PEDAGOGIA HISTÓRICO-CRÍTICA E LUTA DE CLASSES NA EDUCAÇÃO ESCOLAR. Campinas: Autores Associados, 2012.

FAZENDA, I. C. A. et al. A prática de ensino e o estágio supervisionado. 15. ed. Campinas: Papirus, 2008.

FRANCO, M. A. S. Pedagogia como ciência da educação. 2. ed. São Paulo: Cortez, 2008.

FREIRE, P. Ação cultural para liberdade e outros escritos. 12. ed. Rio de Janeiro: Paz e Terra, 2007.

_____. Pedagogia do oprimido. 17. ed. Rio de Janeiro: Paz e Terra, 1987.

FREITAS, H. C. L. Formação de professores no Brasil: 10 anos de embate entre projetos de formação. Educação e Sociedade, Campinas, v. 23, n. 80, p. 136-167, set. 2002.

FRIGOTTO, G. A produtividade da escola improdutiva: um re(exame) das relações entre educação e estrutura econômico-social capitalista. 9. ed. São Paulo: Cortez, 2010.

GRAMSCI, A. A concepção dialética da história. 6. ed. Rio de Janeiro: Civilização Brasileira, 1986.

GUIMARÃES, G. D. (Org.). Aspectos da teoria do cotidiano: Agnes Heller em perspectiva. Porto Alegre: EDIPUCRS, 2002.

HELLER, A. O cotidiano e a história. 8. ed. São Paulo: Paz e Terra, 2008.

IANNI, O. (Org.). Florestan Fernandes: sociologia crítica e militante. São Paulo: Expressão Popular, 2004.

JESUS, A. T. O pensamento e a prática escolar de Gramsci. 2. ed. Campinas: Autores Associados, 2005.

KONDER, L. Marxismo e alienação: contribuição para um estudo do conceito marxista de alienação. 2. ed. São Paulo: Expressão Popular, 2009.

KOSIK, K. Dialética do concreto. Rio de Janeiro: Paz e Terra, 1976.

_____. _____. 7. ed. Rio de Janeiro: Paz e Terra, 2002.

LIBÂNEO, J. C. Pedagogia e pedagogos para quê? 12. ed. São Paulo: Cortez, 2010.

_____. Pedagogia e pedagogos: inquietações e buscas. Educar em Revista, Curitiba, n. 17, p. 153-176, 2001.

LIBÂNEO, J. C.; OLIVEIRA, J. F.; TOSCHI, M. S. Educação escolar: políticas, estrutura e organização. 10. ed. São Paulo: Cortez, 2012.

LIMA, M. S. L.; PIMENTA, S. G. Estágio e docência. 7. ed. São Paulo: Cortez, 2012.

MARX, K.; ENGELS, F. A ideologia alemã. São Paulo: Boitempo, 2007.

MASSON, G. Políticas de formação de professores: as influências do neopragmatismo da agenda pós-moderna. 245 f. Tese (Doutorado em Educação) – Universidade Federal de Santa Catarina, Florianópolis, 2009.

MAZZOTTI, T. B. Estatuto da cientificidade da Pedagogia. In: PIMENTA, S. G. (Org.). Pedagogia, ciência da educação? 6. ed. São Paulo: Cortez, 2011.

MELLO, S. A. Linguagem e alienação da consciência. ALFA, São Paulo, n. 41, p. 109-131, 1997. Disponível em: <http://seer.fclar.unesp.br/alfa/article/view/4016/3685>. Acesso em: 25 maio 2015.

MÉSZÁROS, I. A EDUCAÇÃO PARA ALÉM DO CAPITAL. São Paulo: Boitempo, 2005.

_____. A TEORIA DA ALIENAÇÃO EM MARX. São Paulo: Boitempo, 2006.

MORAES, M. C. M. Indagações sobre o conhecimento no campo da educação. PERSPECTIVA, Florianópolis, v. 27, n. 2, p. 315-346, jul./dez. 2009.

_____. Recuo da teoria: dilemas na pesquisa em educação. REVISTA PORTUGUESA DE EDUCAÇÃO, Braga, v. 14, n. 1, p. 7-25, jan./jun. 2001. Disponível em: <http://www.redalyc.org/pdf/374/37414102.pdf>. Acesso em: 6 abr. 2015.

NETTO, J. P.; CARVALHO, M. C. B. COTIDIANO: conhecimento e crítica. 10. ed. São Paulo: Cortez, 2012.

OLIVEIRA, B. A dialética do singular-particular-universal. In: ENCONTRO DE PSICOLOGIA SOCIAL COMUNITÁRIA, 5., Bauru, 2001. ANAIS... Bauru: Ed. da Unesp, 16 a 18 ago. 2011. Disponível em: <http://social.stoa.usp.br/articles/0016/4963/ADialeticaDoSingularParticularUniversal.pdf>. Acesso em: 25 maio 2015.

_____. O TRABALHO EDUCATIVO: reflexões sobre paradigmas e problemas do pensamento pedagógico brasileiro. Campinas: Autores Associados, 1996.

PARANÁ. SEAP – Secretaria de Estado da Administração e da Previdência Departamento de Recursos Humanos. EDITAL N. 037/2004. Disponível em: <http://www.cops.uel.br/concursos/seap_2004/Edital_037_2004.pdf>. Acesso em: 25 maio 2015.

PEIXOTO, E. M. M. Marxismo, educação e emancipação humana. GERMINAL: Marxismo e Educação em Debate, Salvador, v. 5, n. 1, p. 5-28, jun. 2013.

PENIN, S. COTIDIANO E ESCOLA: a obra em construção. 2. ed. São Paulo: Cortez, 1995.

PIMENTA, S. G. O ESTÁGIO NA FORMAÇÃO DE PROFESSORES: unidade teoria e prática? 7. ed. São Paulo: Cortez, 2006.

PINTO, A. V. SETE LIÇÕES SOBRE EDUCAÇÃO DE ADULTOS. 9. ed. São Paulo: Cortez, 1994.

RIBEIRO, M. L. S. EDUCAÇÃO ESCOLAR: que prática é essa? Campinas: Autores Associados, 2001.

RODRIGUES, M. F. A pedagogia em questão: entrevista com José Carlos Libâneo. OLHAR DE PROFESSOR, Ponta Grossa, v. 10, n. 1, p. 11-33, 2007. Disponível em <http://www.oei.es/pdfs/revista101.pdf>. Acesso em: 25 maio 2015.

_____. DA RACIONALIDADE TÉCNICA À "NOVA" EPISTEMOLOGIA DA PRÁTICA: a proposta de formação de professores e pedagogos nas políticas oficiais atuais. 228 f. Tese (Doutorado em Educação) – Universidade Federal do Paraná, Curitiba, 2005.

SADER, E. Prefácio. In: MESZÁROS, I. A educação para além do capital. São Paulo: Boitempo, 2005.

SAVIANI, D. A pedagogia no Brasil: história e teoria. 2. ed. Campinas: Autores Associados, 2012.

_____. Educação: do senso comum à consciência filosófica. 18. ed. Campinas: Autores Associados, 2009.

_____. Escola e democracia. 10. ed. Campinas: Autores Associados, 2006.

SCHUCH, V. F. (Org.). Lei de Diretrizes e Bases na Educação Nacional e o Magistério. 4. ed. Porto Algre: Sulina, 1972.

SCHVARZ, L. H. C. A esfera da cotidianidade na ação do pedagogo. In: SEMANA DE PEDAGOGIA, 21.; SEMINÁRIO INTERNACIONAL DE PESQUISA EM EDUCAÇÃO, 2.; ENCONTRO PIBID, 1., 2013. (Apresentação de Trabalho/Comunicação).Guarapuava: Universidade Estadual do Centro-Oeste, 2013a. Disponível em:<http://anais.unicentro.br/semped/pdf/iiv2n1/119.pdf>. Acesso em: 25 maio 2015.

_____. Cotidianidade: limites e possibilidades na ação do pedagogo. In: JORNADA DO HISTEDBR – A Pedagogia Histórico-Crítica, a Educação Brasileira e os desafios de sua institucionalização, 11, Cascavel, 2013. Anais... Cascavel: Universidade Estadual do Oeste do Paraná, 2013b. Disponível em: <http://www.histedbr.fe.unicamp.br/acer_histedbr/jornada/jornada11/artigos/2/artigo_simposio_2_873_lilianihcordeiro@gmail.com.pdf>. Acesso em: 25 maio 2015.

SEMERARO, G. Gramsci e os novos embates da filosofia da práxis. Aparecida: Ideias e Letras, 2006.

SILVA, C. S. B. Curso de Pedagogia no Brasil: história e identidade. 2. ed. Campinas: Autores Associados, 2003.

STRECK, D. R. Entre emancipação e regulação: (des)encontros entre educação popular e movimentos sociais. Revista Brasileira de Educação, v. 15, n. 44, maio/ago. 2010. Disponível em: <http://www.scielo.br/pdf/rbedu/v15n44/v15n44a07.pdf>. Acesso em: 25 maio 2015.

TONET, I. Pluralismo metodológico: falso caminho. Disponível em: <http://www.ivotonet.xpg.com.br/arquivos/pluralismo_metodologico.pdf>. Acesso em: 25 maio 2015.

TRIVIÑOS, A. N. S. Introdução à pesquisa em ciências sociais: a pesquisa qualitativa em educação. São Paulo: Atlas, 1987.

VÁZQUEZ, A. S. Filosofia da práxis. Rio de Janeiro: Civilização Brasileira S.A., 1968.

VEIGA, I. P. A. (Org.). Projeto político-pedagógico da escola: uma construção possível. 5. ed. Campinas: Papirus, 1996.

Apêndice

Pesquisa de campo

Apresentamos a seguir o roteiro da entrevista que foi feita com as pedagogas mencionadas na pesquisa que abordamos no Capítulo 3. Os detalhes das suas formações, das instituições de ensino nas quais se formaram e trabalham atualmente também estão descritas no mesmo capítulo.

Roteiro da entrevista

1 Dados da escola e do pedagogo entrevistado.

1.1 Dados da instituição de ensino na qual o pedagogo trabalha.

1.2 Perfil da comunidade em que está inserida a escola.

1.3 Dados da formação do pedagogo:
- ano de formação;
- tempo de atuação;
- formação em pedagogia;
- contribuição da formação profissional para a presente atuação.

2 Perguntas sobre a atuação do pedagogo

2.1 Você considera a pedagogia uma ciência? Por quê?

2.2 Qual é a função do pedagogo na escola?

2.3 Como é o seu cotidiano no trabalho?

2.4 Você desenvolve ações que não são previstas para o pedagogo? Quais?

2.5 O que é não cotidiano nas suas ações?

2.6 Como você articula seu conhecimento teórico no cotidiano?

2.7 Quais são os principais desafios enfrentados no cumprimento de sua função pedagógica?

2.8 Como você avalia o resultado de seu trabalho no processo educativo desenvolvido na instituição?

2.9 Como se dá sua atuação ao lado dos outros professores? Eles demonstram boa aceitação com relação ao trabalho do pedagogo?

2.10 Como é sua atuação nas reuniões pedagógicas? Com que frequência elas são realizadas?

2.11 Qual conhecimento você aplica com maior frequência no seu trabalho: o conhecimento científico ou o conhecimento tácito baseado na experiência adquirida ao longo do tempo? Justifique.

Sobre a autora

LILIANI HERMES CORDEIRO SCHVARZ é graduada em Pedagogia (2000), com especialização em Gestão Educacional (2002) e mestrado em Educação (2014) pela Universidade Estadual do Centro-Oeste – Unicentro. Tem experiência profissional desde 1998 na educação infantil, no ensino fundamental, no ensino médio (com formação de docente) e no ensino superior. Atualmente, pesquisa sobre a formação profissional e a atuação do pedagogo na escola.

Impressão:
Janeiro/2016